~ 미래와 통하는 책 ~

동양북스 외국어 베스트 도서

700만 독자의 선택!

새로운 도서, 다양한 자료 동양북스 홈페이지에서 만나보세요!

www.dongyangbooks.com
m.dongyangbooks.com

※ 학습자료 및 MP3 제공 여부는 도서마다 상이하므로 확인 후 이용 바랍니다.

홈페이지 도서 자료실에서 학습자료 및 MP3 무료 다운로드

PC

❶ 홈페이지 접속 후 도서 자료실 클릭
❷ 하단 검색 창에 검색어 입력
❸ MP3, 정답과 해설, 부가자료 등 첨부파일 다운로드
  * 원하는 자료가 없는 경우 '요청하기' 클릭!

MOBILE

* 반드시 '인터넷, Safari, Chrome' App을 이용하여 홈페이지에 접속해주세요. (네이버, 다음 App 이용 시 첨부파일의 확장자명이 변경되어 저장되는 오류가 발생할 수 있습니다.)

❶ 홈페이지 접속 후 ≡ 터치

❷ 도서 자료실 터치

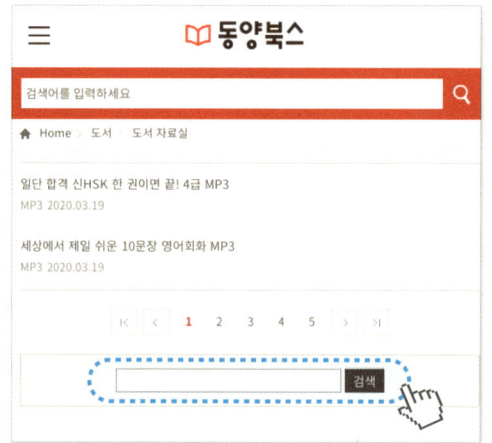

❸ 하단 검색창에 검색어 입력
❹ MP3, 정답과 해설, 부가자료 등 첨부파일 다운로드
  * 압축 해제 방법은 '다운로드 Tip' 참고

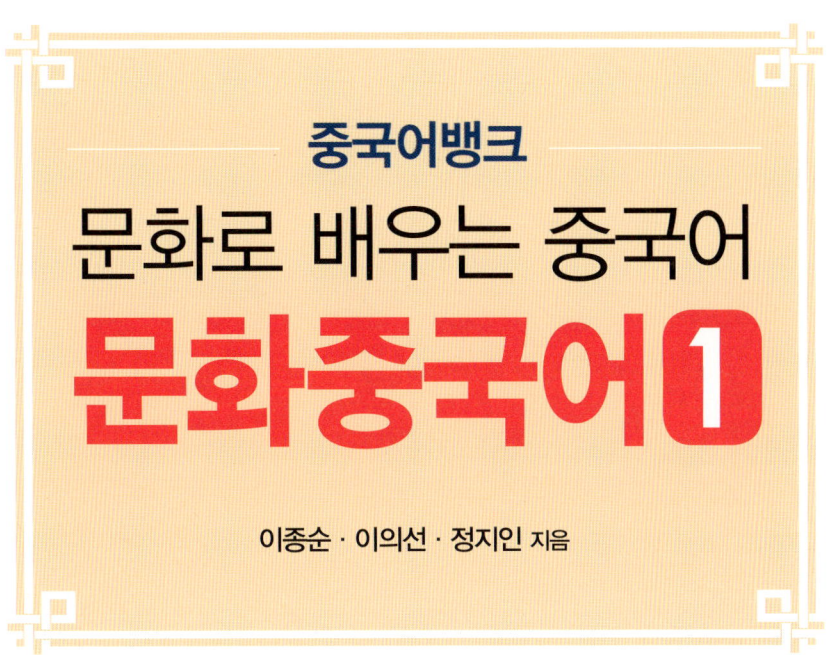

중국어뱅크

문화로 배우는 중국어

문화중국어 ①

이종순 · 이의선 · 정지인 지음

동양북스

중국어뱅크
문화로 배우는 중국어
문화중국어

초판 5쇄 | 2024년 4월 5일

지은이 | 이종순, 이의선, 정지인
발행인 | 김태웅
책임편집 | 김상현, 김수연
디자인 | 남은혜, 김지혜
마케팅 총괄 | 김철영
온라인 마케팅 | 김은진
제　작 | 현대순

발행처 | ㈜동양북스
등　록 | 제 2014-000055호(2014년 2월 7일)
주　소 | 서울시 마포구 동교로22길 14(04030)
구입 문의 | 전화 (02)337-1737　팩스 (02)334-6624
내용 문의 | 전화 (02)337-1762　dybooks2@gmail.com

ISBN 979-11-5768-247-8 14720
ISBN 979-11-5768-245-4 14720(세트)

ⓒ 이종순, 이의선, 정지인, 2017

▶ 본 책은 저작권법에 의해 보호를 받는 저작물이므로 무단 전재와 복제를 금합니다.
▶ 잘못된 책은 구입처에서 교환해 드립니다.
▶ 도서출판 동양북스에서는 소중한 원고, 새로운 기획을 기다리고 있습니다.
　www.dongyangbooks.com

다민족 국가로서의 다양성이 공존하고 유가, 도가의 전통이 여전히 정신적 세계를 지배하고 있고 사회주의로의 정치 구조가 새로운 삶의 패러다임을 형성시킨 중국. 14억의 인구를 지닌 '인구 대국'이자 G2로 부상한 '경제 대국'으로서 우리에게 하나의 기회이자 도전의 대상이 된 중국. 중국을 설명할 수 있는 키워드는 이제 너무도 많습니다. 하지만 이런 중국에 대해 우리는 얼마나, 그리고 제대로 알고 있는지요? 이런 중국에 대해 우리는 어떤 준비를 하고 있는지요?

그들을 알기 위해서, 그들과 제대로 소통하고 교류하기 위해서는 먼저 중국어를 알아야 할 것입니다. 아울러 중국인들의 일상생활 곳곳에 스며있는 문화 및 그 문화에 담겨 있는 중국인들의 생각에 대해서도 알아야 할 것입니다.

본 교재는 중국어 초보자들이 중국어를 학습하는 것은 물론이고 중국인과 중국문화도 이해할 수 있는 일거양득의 효과를 노렸습니다. 이에 일상생활과 밀접하면서도 실제 교재에 필요한 기초적이면서도 상식적인 문화를 주제별로 선별해 회화로 구성했습니다.

먼저 본문으로 들어가기 전에 각 과의 주제에 맞는 문화 이야기를 자세히 정리하고 이어 주제별 토론 과제를 제시함으로써 중국 문화에 대한 호기심과 학습 동기를 불러일으키고자 했습니다. 이론으로 습득된 문화 부분을 본문에서 중국어로 간단하게 말할 수 있도록 자연스럽게 연계시키고자 본문 앞에 구성한 것입니다.

본문은 총 12과로 구성되어 있습니다. 인사와 중국 국기, 소수 민족과 방언, 숫자 관념, 명절, 차 문화, 음식 문화, 태극권과 광장무, 교복과 한 자녀, 한국행 쇼핑과 흥정, 설 준비와 빨간색 등 한국인이 중국에서 생활하면서 접할 수 있는 문화 관련 회화를 주제별로 구성하여 더욱 재미있게 중국어를 학습하도록 했습니다.

문장 말하기는 본문 내용을 따라 읽으면서 배운 부분을 다시 한 번 복습하고 또 응용 문장 연습을 통해 다양한 회화를 익히도록 구성했습니다. 문장 쓰기는 녹음을 따라 읽고 이에 맞는 한어 병음과 한자 쓰기 연습을 통해 발음을 충분히 학습하도록 했습니다.

핵심 문법은 중국어 초보자들이 중국어의 문장 구조를 탄탄하게 이해하고 이를 바탕으로 응용 및 활용을 할 수 있도록 했으며 종합 연습을 통해 본문의 내용과 어법을 반복적으로 연습할 수 있도록 했습니다. 또 아직 간체자에 익숙하지 않은 학습자들에게 간체자 쓰기를 따로 연습하게 했습니다.

본 교재가 중국과 중국어에 관심이 있는 학습자들에게 더욱 유용하게 활용되기를 바랍니다. 특히 중국의 일상생활과 밀접한 문화적 내용으로 중국어와 함께 중국 문화를 아울러 이해함으로써 더욱 재미있게 중국어를 학습할 수 있기를 바랍니다.

마지막으로 본 교재가 출간되기까지 여러모로 애써주신 동양북스 김태웅 사장님과 중국어 편집부에 심심한 감사를 보냅니다.

차례

머리말　3
차례　4
이 책의 구성　6
미리 알기　8

1과 　**발음(1)**　　　　　　　　　　　　　　　　　　　12
　　　　성모의 발음, 운모, 성조의 발음

2과 　**발음(2)**　　　　　　　　　　　　　　　　　　　20
　　　　운모의 발음, 한어병음 규칙

3과 　**중국의 국기와 인구**　　　　　　　　　　　　　30
　　　　동사 是, 조사 吗, 형용사 술어문, 부사 也

4과 　**중국의 민족과 언어**　　　　　　　　　　　　　44
　　　　양사 个, 조사 的, 조사 吧, 의문대사 多少

5과 　**중국인과 숫자**　　　　　　　　　　　　　　　58
　　　　동사 请, 의문대사 为什么, 접속사 因为, 跟…差不多

6과 　**중국의 명절**　　　　　　　　　　　　　　　　72
　　　　동사 过, 의문대사 怎么, 조사 了, 부사 都

7과 중국의 차 문화   86
조동사 想·要, 양사 些, 조사 过, 부사 还

8과 중국의 음식   100
동사의 중첩, 반어문, 복합방향보어

9과 태극권과 광장무   114
好의 용법, 개사 在, 진행형, 조동사 숲

10과 교복과 소황제   128
정반의문문, 太…了, 조동사 可以, 부사 一定

11과 쇼핑과 흥정   142
연동문, 결과보어 到, 比의 용법, 除了…都…

12과 설 준비와 붉은색   156
快…了, 跟…一起, 每, 满

본문해석   170
모범 답안   173
단어 색인   175
한어 병음표   184

이 책의 구성

중국 문화 이해하기

주제별로 구성된 중국의 과거와 현재를 아우르는 문화 현상과 특징을 이미지와 텍스트 자료를 통해 이해할 수 있습니다.

주제 토론

중국인의 생활 속에 나타나는 중국 문화 현상을 스스로 찾아보고 함께 토론하는 과정을 통해 더 깊이 있는 문화적 이해가 가능하며 관련된 인지장을 확대할 수 있습니다.

회화 1, 2

각 과의 주제와 관련된 두 가지 상황으로 이루어진 회화문을 통해 중국어는 물론 한·중 양국의 문화적 차이점을 쉽고 재미있게 배울 수 있습니다.

문장 말하기

제시된 문장 확장 연습을 통해 중국어 문장 구조를 쉽게 이해할 수 있으며, 교체 연습을 통해 다양한 표현을 익힐 수 있습니다.

문장 쓰기

핵심 표현을 듣고 바로 쓸 수 있도록 구성하여, 듣기에 대한 연습과 함께 한어병음 및 한자 문장 쓰기 연습을 충분히 할 수 있습니다.

종합 연습

앞서 배운 내용을 어휘, 문장, 대화문, 문법 내용을 듣기, 읽기, 말하기, 쓰기 활동을 통해 스스로 확인할 수 있습니다.

핵심 문법

회화문 속 주요 표현과 문법 사항을 정확한 해설과 실용적인 예문을 통해 쉽게 이해할 수 있습니다.

간체자 쓰기

선별된 단어의 의미와 발음을 확인함과 동시에, 획순을 보며 따라 쓸 수 있습니다.

1. 중국어의 성분과 문장 구조

기본적인 중국어 문장 구조는 주어 + 술어이며, 영어와 달리 인칭이나 시제 등에 따라 단어의 형태가 바뀌지 않습니다.

❶ 긍정문 : 주어와 술어로 구성되는 기본 문장 형식으로 술어로는 동사와 형용사 등이 쓰입니다.

예 我去。　　　　나는 간다.
　　你好！　　　　안녕하세요!
　　我吃饭。　　　나는 밥을 먹는다.

❷ 부정문 : 술어에 부정부사가 포함되어 부정하는 의미를 표현하는 문장입니다.

예 我不去。　　　나는 가지 않는다.
　　天气不好。　　날씨가 좋지 않다.
　　我不吃饭。　　나는 밥을 먹지 않는다.

❸ 의문문 : 문장 끝에 의문조사가 쓰이거나, 문장 속에 의문대명사가 쓰여 의문을 표현하는 문장입니다.

예 你去吗?　　　 당신은 갑니까?
　　你好吗?　　　 안녕하십니까?
　　你吃什么?　　당신은 무엇을 먹습니까?

중국어의 대표적인 성분은 주어, 술어, 목적어, 보어, 부사어, 관형어 등이 있으며, 기본적인 순서를 보면 다음과 같습니다.

관형어 ▶ 주어 ▶ 부사어 ▶ 술어 ▶ 보어 ▶ 관형어 ▶ 목적어

예 小李的妈妈昨天买到了一本书。　샤오리의 엄마는 어제 한 권의 책을 샀다.

2. 중국어의 품사

각 성분으로 쓰이는 품사는 다음과 같습니다.

명사	名词 míngcí	동사	动词 dòngcí	조사	助词 zhùcí
대명사	代词 dàicí	조동사	助动词 zhùdòngcí	개사	介词 jiècí
수사	数词 shùcí	형용사	形容词 xíngróngcí	접속사	连词 liáncí
양사	量词 liàngcí	부사	副词 fùcí	감탄사	感叹词 gǎntàncí

❶ 인칭대명사

	1인칭	2인칭	3인칭
단수	我 wǒ 나	你 nǐ 너	他 tā 그 /她 tā 그녀 它 tā 그것
복수	我们 wǒmen 우리들	你们 nǐmen 너희들	他们/她们/它们 tāmen 그들/그녀들/그것들

❷ 지시대명사

	근칭	원칭	부정칭
단수	这 zhè 이, 이것	那 nà 저, 저것	哪 nǎ 어느
복수	这些 zhèxiē 이것들	那些 nàxiē 저것들	哪些 nǎxiē 어느 것들

❸ 의문대명사

	대상(사람)	대상(사물)	시간	공간	방법	이유
중국어	谁 shéi	什么 shénme	什么时候 shénme shíhou	哪里 nǎli	怎么 zěnme	为什么 wéishénme
영어	who	what	when	where	how	why

❹ 수사

0	1	2	3	4	5	6	7	8	9	10
零 líng	一 yī	二 èr	三 sān	四 sì	五 wǔ	六 liù	七 qī	八 bā	九 jiǔ	十 shí

11	12	20	30	40	66	88	99	100	1000	10000
十一 shíyī	十二 shí'èr	二十 èrshí	三十 sānshí	四十 sìshí	六十六 liùshíliù	八十八 bāshíbā	九十九 jiǔshíjiǔ	一百 yìbǎi	一千 yìqiān	一万 yíwàn

중국 미리 알기

중국의 공식명칭은 중화인민공화국(中华人民共和国, Zhōnghuá Rénmín Gònghéguó)이고, 수도는 베이징(北京, Běijīng)입니다. 행정 구역은 23개의 성(타이완 포함), 4개의 직할시, 5개의 자치구, 2개의 특별 행정구로 이루어져 있습니다.

국기 오성홍기(五星红旗, Wǔxīng Hóngqí)
4개 직할시 베이징, 톈진, 상하이, 충칭
면적 약 960만㎢
인구 약 14억 명(타이완, 홍콩, 마카오 포함)
민족 56개 민족

소수 민족 8.5%
한족 91.5%

신장웨이우얼 자치구
新疆维吾尔自治区
Xīnjiāng Wéiwú'ěr Zìzhìqū

위구르족

시짱 자치구
西藏自治区
Xīzàng Zìzhìqū

티베트족

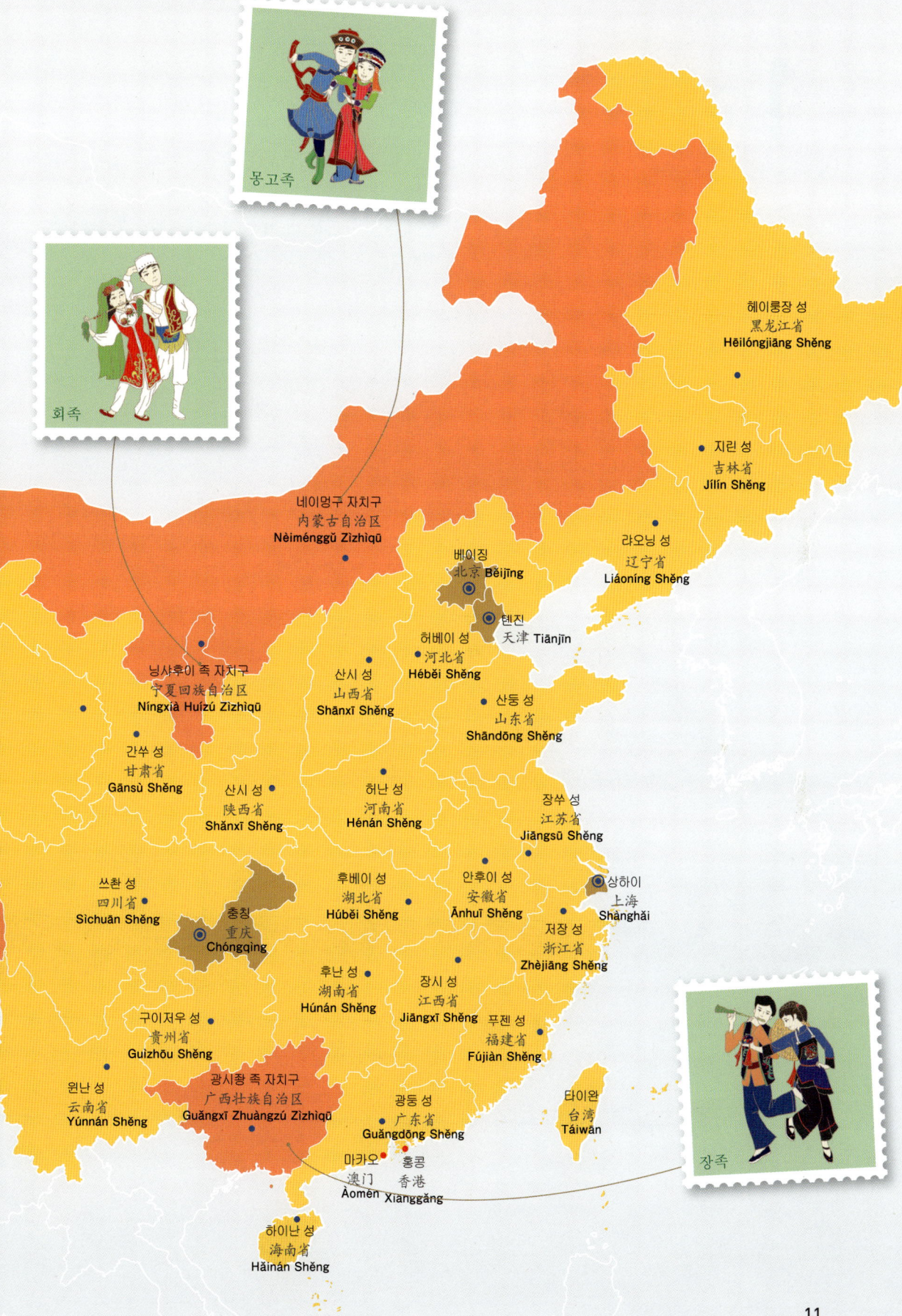

1과

발음(1)

성모
운모
성조

'표준어(普通话)'란?

중국에서는 일반적으로 중국어를 '한어(汉语 Hànyǔ)'라고 하지만 중국의 공식적인 표준어는 '푸퉁화(普通话 pǔtōnghuà)'입니다. 푸퉁화는 베이징 음을 표준음으로 하고, 북방 방언을 기초 방언으로 하며, 모범적인 현대 백화문 저작을 핵심 문법 규범으로 하는 언어를 말합니다. 푸퉁화는 간체자를 쓰며, 한어병음으로 발음을 표기합니다.

'간체자(简体字)'란?

중국에서는 현재 복잡한 획수를 간단하게 줄여서 고친 간화(简化)된 한자, 즉 '간체자(简体字 jiǎntǐzì)'를 사용합니다. 하지만 대만, 홍콩, 한국 등지에서는 여전히 '번체자(繁体字 fántǐzì)'를 사용합니다.

간체자	번체자
韩国	韓國

'한어병음(汉语拼音)'이란?

한자는 뜻 글자이기 때문에 한자 자체로 발음을 나타낼 수 없어서 중국 정부는 한어병음 방안을 규정하여 한자의 발음을 표기하도록 하였습니다. 한어병음은 로마자 기호에 성조를 표기하는데, 알파벳으로 표기하지만 영어 발음과는 다릅니다. 한어병음은 '성모(声母 shēngmǔ)', '운모(韵母 yùnmǔ)', '성조(声调 shēngdiào)'로 이루어집니다.

성조
중국어 음의 높낮이와 그 변화를 말합니다.

성모 운모

성모란? (21개)

성모란 중국어 음절의 첫 부분에 오는 자음을 말합니다. 성모는 발음할 때 입술과 혀의 위치나 모양 등에 따라 아래와 같이 분류합니다.

❶ 쌍순음(双唇音)과 순치음(唇齿音)

b 두 입술을 다물었다가 떼면서 발음합니다.
우리말의 'ㅃ' 또는 'ㅂ'에 해당합니다.

p 입술 모양은 'b'와 같지만 입김을 더 강하게 내면서 발음합니다.
우리말의 'ㅍ' 발음에 해당합니다.

m 입술을 닫았다가 열면서 공기를 콧구멍으로 보내면서 발음합니다.
우리말의 'ㅁ'에 해당합니다.

f 윗니를 아래 입술에 붙이고 그 사이로 공기를 내보내면서 발음합니다.
영어의 'f'와 같습니다.

❷ 설첨음(舌尖音)

d 혀끝을 윗니 뿌리에 대었다가 급히 떼면서 발음합니다.
우리말의 'ㄸ' 또는 'ㄷ'에 해당합니다.

t 발음 위치는 'd'와 같으나 입김을 더 강하게 내면서 발음합니다.
우리말의 'ㅌ'에 해당합니다.

n 혀끝을 윗니 뿌리에 대었다가 공기를 콧구멍으로 내보내면서 발음합니다.
우리말의 'ㄴ'에 해당합니다.

l 혀끝을 윗잇몸에 대었다가 떼면서 발음합니다. 이때 입안의 공기가 혀의 양쪽으로 갈라져서 나가며, 성대가 떨립니다. 우리말의 'ㄹ'에 해당합니다.

❸ 설근음(舌根音)

g 혀 뿌리를 연구개에 대고 막았다가 급하게 떼면서 발음합니다.
우리말의 'ㄲ' 또는 'ㄱ'에 해당합니다.

k 혀의 위치는 'g'와 같으나, 발음을 할 때 입안의 공기를 밖으로 내보내며 발음합니다.
이를 유기음이라고 합니다. 우리말의 'ㅋ'에 해당합니다.

h 혀 뿌리와 연구개를 거의 맞닿게 하여 그 사이로 공기를 내보내며 발음합니다.
우리말의 'ㅎ'보다 더 강하게 마찰을 일으킵니다.

❹ 설면음(舌面音)

j 혓바닥의 앞부분을 입천장에 대었다가, 혀끝을 아랫니 안쪽에 대며 발음합니다. 이 때 공기를 혓바닥의 앞부분과 입천장 사이로 내보냅니다. 우리말의 'ㅉ' 또는 'ㅈ'에 해당합니다.

q 발음방법은 'j'와 같으나, 'q'는 유기음입니다.
우리말의 'ㅊ'에 해당합니다.

x 혓바닥의 앞부분을 입천장에 맞닿게 하고 공기를 혓바닥의 앞부분과 입천장의 앞부분의 좁은 통로로 내보내면서 발음합니다. 우리말의 'ㅆ' 또는 'ㅅ'에 해당합니다.

❺ 권설음(卷舌音)

zh 혀끝을 위로 들어올려 경구개에 대고,
공기를 혀끝과 경구개 사이로 내보내면서 발음합니다.

ch 발음 방법은 'zh'와 같으나 공기를 더 강하게 내보내며 발음합니다.
유기음입니다.

sh 혀끝을 위로 들어올려 경구개에 대고,
공기를 혀끝과 경구개 사이로 내보내면서 발음합니다.

r 발음방법은 'sh'와 비슷하지만 마찰이 'sh'보다 약하며,
'r'을 발음할 때에는 성대가 진동합니다.

❻ 설치음(舌齒音)

z 혀끝을 아랫니 뒤에 붙였다 떼면서, 그 사이로 공기를 내보내면서 발음합니다.
우리말의 '즈'에 해당합니다.

c 발음방법은 'z'와 같으나, 'c'는 유기음입니다.
우리말의 '츠'에 해당합니다.

s 혀끝을 아랫니 뒤에 가까이 놓고, 공기를 혓바닥과 윗니 사이로 내보내면서 발음합니다.
우리말의 '스'에 해당합니다.

성조란?

성조란 중국어 음의 높낮이와 그 변화를 말합니다. 성조는 중국어의 뜻을 표현하는 데 매우 중요합니다. 왜냐하면 같은 글자라도 성조가 다르면 그 뜻이 달라지기 때문입니다.

제1성 ā	처음부터 끝까지 같은 높이의 음으로 평평하게 유지합니다. 동요 '산~토끼 토끼야~' 할 때의 '산~' 느낌으로 발음합니다. 예 mā(妈) fēijī(飞机)
제2성 á	중간 음에서 높은 음까지 단번에 끌어 올립니다. 깜짝 놀랐을 때 '네에~?'하고 되묻는 느낌으로 발음합니다. 예 má(麻) wénmíng(文明)
제3성 ǎ	중간 아래 음에서 제일 낮은 음으로 내려갔다가 다시 위로 올라갑니다. 무언가 깨달아서 '아~ 그렇구나'라고 할 때의 '아~' 느낌으로 발음합니다. 고개를 'V'자처럼 내렸다 올리면서 발음합니다. 예 mǎ(马) hǎo(好)
제4성 à	가장 높은 음에서 가장 낮은 음으로 단숨에 내립니다. 태권도를 할 때 '얍'하고 기합을 넣는 느낌으로 발음합니다. 예 mà(骂) dàxiàng(大象)
경성 a	가볍고 짧게 발음하며, 성조는 표기하지 않습니다. 예 māma(妈妈) bàba(爸爸)

성조 표기 규칙

❶ 성조는 운모 위에 표기합니다.

❷ 운모가 두 개 이상일 경우 성조는 주요 모음 위에 표기합니다. 주요 모음이란 발음할 때 입을 가장 크게 벌리는 운모이며, 아래와 같은 순서입니다.

$$a > o = e > i = u = ü$$

예 gāi(该)　zǒu(走)　yuè(月)

❸ 'i' 위에 성조를 표기할 경우, 위의 점은 생략합니다.

예 yīfu(衣服)　kěyǐ(可以)

❹ 운모 'i'와 'u'가 나란히 있을 경우, 뒤에 있는 운모에 성조를 표기합니다.

예 guì(贵)　jiǔ(九)

❺ 가볍고 짧게 발음하는 경성은 성조 표기를 하지 않습니다.

예 bàba(爸爸)　māma(妈妈)

종합 연습

1 다음 한어병음 중 성모와 운모를 구별하여 적어 봅시다.

b	x	uai	u	ia	ei	sh	ün	u
uen	an	c	eng	f	zh	g	er	iou
ian	n	uei	q	en	üan	e	uo	m
ou	ü	uang	ing	z	k	ang	p	ai
h	ao	t	ueng	d	o	ong	a	s
r	ch	i	uan	iong	l	ua	üe	j

1) 성모 : _____

2) 운모 : _____

2 다음 발음을 읽어 봅시다.

1) bā bá bǎ bà   2) pō pó pǒ pò

3) dū dú dǔ dù   4) tī tí tǐ tì

5) kē ké kě kè   6) hū hú hǔ hù

7) qī qí qǐ qì   8) rē ré rě rè

3 녹음과 일치하는 성조를 찾아 ∨ 표시해 봅시다.

1) ☐ gē   ☐ gé   2) ☐ jī   ☐ jí

3) ☐ xū   ☐ xǔ   4) ☐ bó   ☐ bò

2과
발음(2)

운모의 발음
한어병음 규칙

운모란?(38개)

운모란 중국어 음절에서 성모를 제외한 나머지 부분을 말합니다. 운모는 단운모와 복운모, 비운모, 권설운모로 나눕니다.

		-i	i	u	ü
단운모 (单韵母)		a	ia	ua	
		o		uo	
		e	ie		üe
		ê			
복운모 (复韵母)		ai		uai	
		ei		uei(-ui)	
		ao	iao		
		ou	iou(-iu)		
비운모 (鼻韵母)		an	ian	uan	üan
		en	in	uen(-un)	ün
		ang	iang	uang	
		eng	ing	ueng	
		ong	iong		
권설운모 (卷舌韵母)		er			

운모의 발음

혀의 위치와 입의 모양 변화에 주의하여 발음해 봅시다.

a 입은 최대한 크게 벌리고, 혀는 아래에 두고, 입술은 오므리지 않고 발음합니다. 우리말의 '아'에 해당합니다.

o 입은 적당히 벌리고, 혀는 중간에 놓았다가 뒤로 밀면서, 그리고 입술은 오므린 채 발음합니다. 우리말의 '오'에 해당합니다.

e 입은 옆으로 자연스럽게 벌리고, 혀는 중간에 놓았다가 뒤로 밀고, 입술은 오므리지 않고 발음합니다. 우리말의 '어'에 해당합니다.

i 입술은 양 옆으로 당기고, 혀는 위에서부터 앞으로 내밀면서 발음합니다. 우리말의 '이'에 해당합니다.

u 입술은 최대한 오므리고, 혀는 높고 약간 뒤쪽으로 두어 발음합니다. 우리말의 '우'에 해당합니다.

ü 혀의 위치는 'i'와 같고 입술은 'u' 발음 할 때와 비슷하지만 덜 둥글고 입술이 덜 돌출되게 발음합니다. 우리말의 '위'에 해당합니다.

ai ei ao ou

앞에 있는 'a', 'e', 'o' 운모는 강하게 발음하고, 뒤의 'i', 'o', 'u' 운모는 가볍지만 길게 발음합니다. 우리말의 '아이', '에이', '아오', '어우'에 해당합니다.

an en ang eng ong

앞에 있는 'a', 'e', 'o' 운모는 짧게 발음하고, 뒤의 'n', 'ng' 운모는 길고 콧소리를 섞어 발음합니다. 우리말의 '안', '언', '앙', '엉', '옹'에 해당합니다.

ia ie üe

앞에 있는 'i', 'u', 'ü' 운모는 약하게 발음하고, 뒤의 'a', 'e', 'o' 운모는 강하게 발음합니다.

iao **iou(-iu)**

앞에 있는 'i' 운모는 약하게, 가운데 운모는 강하게, 마지막 운모는 다시 약하게 발음합니다.

ian **in** **iang** **ing** **iong** **üan** **ün**

앞에 있는 'i', 'ü' 운모는 약하고 짧게, 뒤에 있는 나머지 운모들은 강하며 공기가 코를 통과하게 발음합니다.

ua **uo**

앞에 있는 'u' 운모는 짧게, 뒤에 있는 'a', 'o' 운모는 강하게 발음합니다.

uai **uei(ui)**

앞에 있는 'u' 운모는 약하고 짧게 발음하고, 가운데 운모는 강하게 발음하며, 마지막 운모는 약하게 발음합니다.

uan **uen(-un)** **uang** **ueng**

앞에 있는 'u' 운모는 약하고 짧게 발음하고, 가운데 운모는 강하게 발음하며, 마지막 운모는 비음으로 발음합니다.

er

'er'은 권설음으로, 입은 자연스럽게 벌리고, 혀끝은 입천장으로 향하여 치켜 올려 발음합니다. 우리말의 '얼'에 해당합니다.

한어병음 규칙

❶ 성조 변화

① 제3성의 변화

① 제3성과 제1·2·4성, 경성이 만나면 앞의 제3성은 반3성으로 발음합니다.

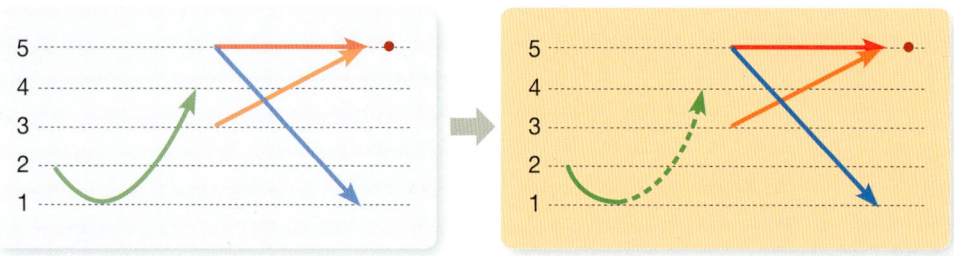

예 제3성 + 제1성　Běijīng(北京)　hǎotīng(好听)
　　제3성 + 제2성　Měiguó(美国)　hǎopíng(好评)
　　제3성 + 제4성　kěpà(可怕)　　hǎokàn(好看)
　　제3성 + 경성　　xǐhuan(喜欢)　hǎochu(好处)

② 제3성이 연달아 쓰일 때에는 앞의 제3성을 제2성으로 발음합니다.

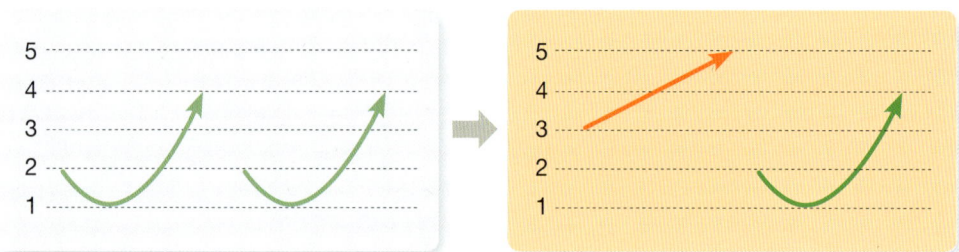

예 제3성 + 제3성　hěn hǎo(很好)　hǎidǎo(海岛)

② '不'의 성조 변화

① '不'의 성조는 원래 제4성입니다.

예 bù fēn(不分)   bù nán(不难)
    bù hǎo(不好)   bùxíng(不行)

② '不' 뒤에 제4성이 오면 제2성으로 발음합니다.

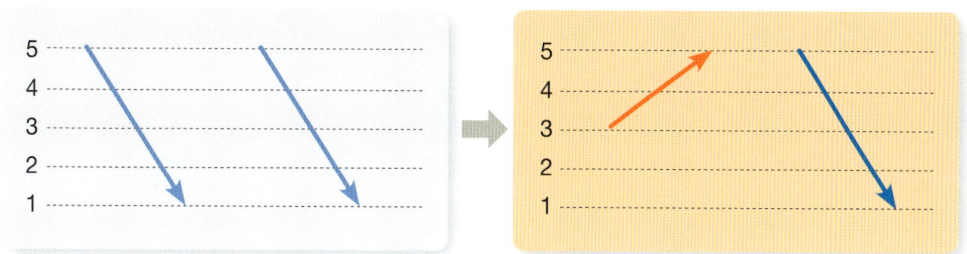

예 bù shì(不是) → bú shì   bù yào(不要) → bú yào
    bù zài(不在) → bú zài   bùyòng(不用) → búyòng

③ '一'의 성조 변화

① '一'의 성조는 원래 제1성입니다.

예 yī(一)   dì-yī(第一)

② '一' 뒤에 제4성이 오면 제2성으로 발음합니다.

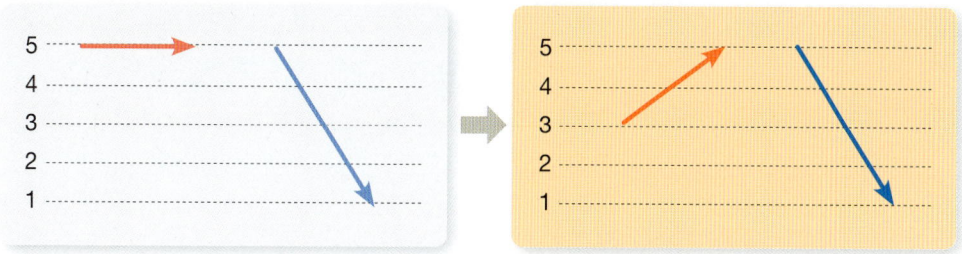

예 yīdìng(一定) → yídìng   yīguàn(一贯) → yíguàn
    yīgòng(一共) → yígòng   yīlù(一路) → yílù

③ '一' 뒤에 제1·2·3성이 오면 제4성으로 발음합니다.

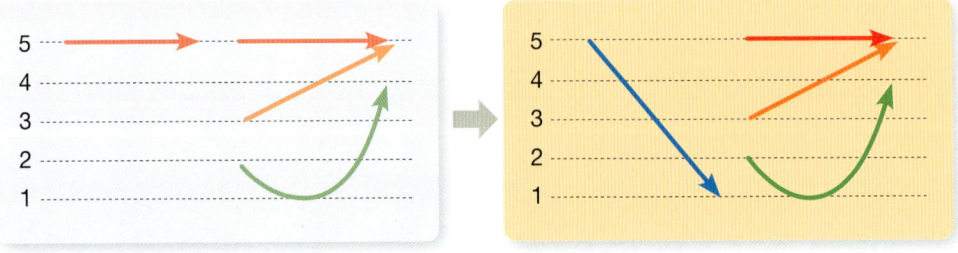

예 yī jiā (一家) → yì jiā
   yīxíng (一行) → yìxíng
   yī kǒu (一口) → yì kǒu

❷ 읽기

1 'i'의 발음
성모 'z', 'c', 's', 'zh', 'ch', 'sh', 'r'가 운모 'i'와 결합하면 '-i'(으)로 발음합니다.

예 zi ci si zhi chi shi ri

2 성모 'j', 'q', 'x'와 'ü'의 결합
성모 'j', 'q', 'x'와 'ü'가 결합하면 'ü'의 두 점을 생략합니다. 이렇듯 발음 표기는 'u'로 하지만, 발음은 반드시 'ü'로 해야 합니다.

예 ju qu xu jue que xue
   juan quan xuan jun qun xun

❸ 쓰기

1 운모 'iou', 'uei', 'uen'와 성모의 결합
운모 'iou', 'uei', 'uen'가 성모와 결합하면 반드시 'iu', 'ui', 'un'로 표기합니다. 그러나 성모 없이 단독으로 쓰이면 'you', 'wei', 'wen'으로 표기합니다.

예 d + iou → diu   d + uei → dui   d + uen → dun

② 운모 'i', 'u', 'ü'의 표기
운모 'i', 'u', 'ü'가 단독으로 음절을 구성할 경우 'yi', 'wu', 'yu'로 표기합니다.

예 i → yi　　　u → wu　　　ü → yu

③ 운모 'i'의 표기
운모 'i'가 성모 없이 첫 글자로 쓰이면 'i'를 'y'로 표기합니다.

예 ia → ya　　　iao → yao　　　ian → yan　　　iang → yang
　　ie → ye　　　iou → you　　　in → yin　　　ing → ying

④ 운모 'u'의 표기
운모 'u'가 성모 없이 첫 글자로 쓰이면 'u'를 'w'로 표기합니다.

예 ua → wa　　　uai → wai　　　uan → wan　　　uang → wang
　　uo → wo　　　uei → wei　　　uen → wen　　　ueng → weng

⑤ 운모 'ü'의 표기
운모 'ü'성모 없이 첫 글자로 쓰이면 'u'를 'yu'로 표기합니다.

예 üe → yue　　　üan → yuan　　　ün → yun

⑥ 격음부호(')
운모로 끝나는 음절 뒤에 운모 'a', 'o', 'e'로 시작하는 음절이 오면, 음절 간의 경계가 모호하여 혼동이 발생하기 쉽습니다. 이때 격음부호를 사용하여 구분해 줍니다.

예 Xī'ān(西安)　　　Tiān'ān mén(天安门)

 **종합 연습**

MP3 2-3

1 제1성부터 제4성의 결합에 유의하여 따라 읽어 봅시다.

1) 제1성 + 제1, 2, 3, 4, 경성

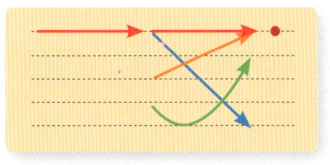

제1성 + 제1성	bādā (吧嗒)
제1성 + 제2성	lābá (拉拔)
제1성 + 제3성	dābǔ (搭补)
제1성 + 제4성	fābù (发布)
제1성 + 경 성	māma (妈妈)

2) 제2성 + 제1, 2, 3, 4, 경성

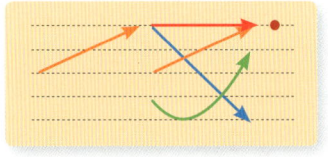

제2성 + 제1성	págāo (爬高)
제2성 + 제2성	páxíng (爬行)
제2성 + 제3성	páyǒng (爬泳)
제2성 + 제4성	páshù (爬树)
제2성 + 경 성	páli (爬梨)

3) 반3성 + 제1, 2, 4, 경성

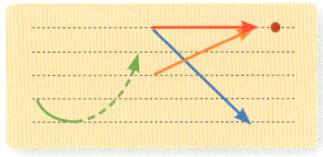

제3성 + 제1성	Běijīng (北京)
제3성 + 제2성	Měiguó (美国)
제3성 + 제4성	kěpà (可怕)
제3성 + 경 성	xǐhuan (喜欢)

4) 제3성 + 제3성→제2성 + 제3성

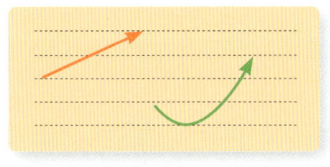

kěyǐ (可以)   hǎidǎo (海岛)
shǒubiǎo (手表)   hěn hǎo (很好)

5) 제4성 + 제1, 2, 3, 4, 경성

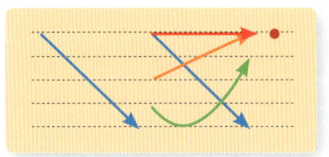

제4성 + 제1성	qìgōng (气功)
제4성 + 제2성	qìmén (气门)
제4성 + 제3성	qìguǎn (气管)
제4성 + 제4성	qìpài (气派)
제4성 + 경 성	qìfen (气氛)

2 성조의 결합에 유의하여 따라 읽어 봅시다.

1) Xīngqīyī (星期一)   Yíhéyuán (颐和园)
2) nánpéngyou (男朋友)   fúwùyuán (服务员)
3) dàhòutiān (大后天)   bàngōnglóu (办公楼)
4) kàn diànshì (看电视)   jiàoxuélóu (教学楼)
5) mǎmǎ - hūhū (马马虎虎)   kěkǒukělè (可口可乐)
6) mápódòufu (麻婆豆腐)   chūzūqìchē (出租汽车)
7) bùqīng - bùbái (不清不白)   bùkě - jiùyào (不可救药)
8) yìtiān - dàowǎn (一天到晚)   yìxīn - yíyì (一心一意)

3 다음 문장을 성모와 운모, 성조에 유의하여 읽어 봅시다.

1) māma hé bàba (妈妈和爸爸)
   Māma hé bàba kàn bào. (妈妈和爸爸看报。)
2) gēge hé dìdi (哥哥和弟弟)
   Gēge hé dìdi kàn dìtú. (哥哥和弟弟看地图。)
3) Zhè shì shū. (这是书。)
   Nà shì rìlì. (那是日历。)
4) Zhè shì zhúzi. (这是竹子。)
   Nà shì shīzi. (那是狮子。)
5) Dùzi bǎo le. (肚子饱了。)
   Tùzi pǎo le. (兔子跑了。)

4 얼화(er)에 유의하여 따라 읽어 봅시다.

1) bāo (包) - bāor (包儿)   2) píng (瓶) - píngr (瓶儿)
3) xìng (杏) - xìngr (杏儿)   4) yíkuàir (一块儿)
5) fànguǎnr (饭馆儿)

3과
중국의 국기와 인구

회화 1 인사
회화 2 중국 국기

중국의 국기는 무엇일까요?

중국의 국기는 붉은색 바탕에 다섯 개의 별이 그려져 있어 '五星红旗 Wǔxīng-Hóngqí'라고 합니다. 붉은색은 혁명을, 다섯 개의 별은 여러 계급의 중국인을 상징합니다. 그중 가장 큰 별은 중국 공산당을, 네 개의 작은 별은 노동자, 농민, 도시 소자산가, 민족 자산가 계급을 상징합니다. 다섯 개의 별이 모여 있는 것은 '공산당 지도 아래 단결된 중국인의 모습'을 뜻합니다.

중국의 휘장도 붉은색과 황금색으로 되어 있으며, 국기의 별과 동일한 의미로 다섯 개의 별이 있습니다. 테두리의 곡식 이삭은 농민과 풍요를, 아랫 부분의 톱니바퀴는 노동자와 발전을 상징합니다. 가운데의 천안문은 모택동이 '신(新) 중국'을 선언한 곳으로 중국의 민족정신을 상징하는 장소입니다.

중국의 인구는 얼마나 될까요?

중국은 세계에서 인구가 가장 많은 국가로, 그 수가 약 13억 7,354만 명[2016년 기준]입니다. 세계 인구가 70억 명 정도이니, 전 세계 인구의 여섯 명 중 한 명은 중국인인 셈입니다.

중국 다음으로 인구가 많은 국가는 어디일까요? 약 12억 명의 인구가 있는 인도입니다. 인도의 인구수도 만만치 않죠? 3위는 국토 면적이 중국과 비슷한 미국으로, 인구가 약 3억 2천만 명에 달합니다.

그렇다면 한국의 인구는 얼마나 될까요? 한국은 5천만 명 정도이고, 북한이 2천 4백만 명 정도입니다. 남북한 인구를 합치면 7천만 명이 넘습니다. 그리고 한국보다 국토의 면적이 약 네 배 넓은 일본은 인구가 약 1억 2천만 명으로 세계 인구 순위 10위입니다.

'인구는 국력'이라는 말이 있습니다. 그것은 1억 명 이상의 인구가 선진국이 되기 위한 조건 중 하나라는 뜻이기도 합니다.

주제 토론

중국의
국기는
무엇일까요?

01

중국 국기의
붉은색과
황금색은
무엇을
의미할까요?

02

중국의 국기

중국 국기의
다섯 개 별은
무엇을
의미할까요?

03

04

중국 휘장의
천안문,
곡식 이삭,
톱니바퀴는
무엇을
상징할까요?

새 단어

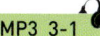 MP3 3-1

▶▶ 회화 1

☐ 你 nǐ 때 너, 자네, 당신

☐ 好 hǎo 형 좋다

☐ 我 wǒ 때 나, 저

☐ 叫 jiào 동 ~라고 부르다, 이름이 ~이다

☐ 是 shì 동 ~이다, 예, 그렇습니다 (응답의 말)

☐ 留学生 liúxuéshēng 명 유학생

☐ 吗 ma 조 ~입니까? (의문의 어기를 나타냄)

☐ 韩国 Hánguó 명 한국

▶▶ 회화 2

☐ 天安门 Tiān'ānmén 명 천안문

☐ 广场 guǎngchǎng 명 광장

☐ 很 hěn 부 매우, 대단히, 아주

☐ 大 dà 형 크다

☐ 呀 ya 조 경탄, 감탄을 나타냄

☐ 人 rén 명 사람

☐ 也 yě 부 ~도

☐ 多 duō 형 (수량이) 많다

☐ 那 nà 때 그, 저

☐ 中国 Zhōngguó 명 중국

☐ 国旗 guóqí 명 국기

☐ 是的 shìde 동 그렇다, 맞다, 옳다

☐ 五星红旗 Wǔxīng-Hóngqí 명 오성홍기

회화 1 — 인사

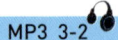

왕리와 김민호가 천안문 광장에서 처음 만나 인사를 합니다.

王 丽　　你好! 我叫王丽。
　　　　 Nǐ hǎo!　Wǒ jiào Wáng Lì.

金民浩　 你好! 我叫金民浩。
　　　　 Nǐ hǎo!　Wǒ jiào Jīn Mínhào.

王 丽　　你是留学生吗?
　　　　 Nǐ shì liúxuéshēng ma?

金民浩　 是, 我是韩国留学生。
　　　　 Shì, wǒ shì Hánguó liúxuéshēng.

회화 2 · 중국 국기

김민호와 왕리가 중국 국기에 대해 이야기합니다.

金民浩　天安门广场很大呀!
　　　　Tiān'ānmén guǎngchǎng hěn dà ya!

王　丽　人也很多。
　　　　Rén yě hěn duō.

金民浩　那是中国国旗吗?
　　　　Nà shì Zhōngguó guóqí ma?

王　丽　是的，那是中国国旗，五星红旗。
　　　　Shìde, nà shì Zhōngguó guóqí, Wǔxīng-Hóngqí.

 문장 말하기

MP3 3-4

녹음을 듣고 따라 읽으세요.

1
留学生　liúxuéshēng
韩国留学生　Hánguó liúxuéshēng
是韩国留学生　shì Hánguó liúxuéshēng
我是韩国留学生。　Wǒ shì Hánguó liúxuéshēng.

2
红旗　hóngqí
五星红旗　Wǔxīng-Hóngqí
那是五星红旗。　Nà shì Wǔxīng-Hóngqí.

3　你是 留学生 吗?
　　　学生
　　　老师
　　　大夫

단어
- 学生 xuésheng 명 학생
- 老师 lǎoshī 명 선생님
- 大夫 dàifu 명 의사

4　我是 韩国人 。
　　　中国人
　　　日本人
　　　美国人

- 日本 Rìběn 명 일본
- 美国 Měiguó 명 미국

문장 쓰기

MP3 3-5

녹음을 듣고 따라 읽으면서 알맞은 한어병음을 써 보세요.

1 你好!

2 我是学生。

3 天安门广场很大。

4 那是中国国旗。

핵심 문법

1 동사 '是'

동사 '是'는 '~이다'라는 뜻으로, 'A(주어) + 是 + B(목적어)'의 형식으로 씁니다. 영어의 'be 동사'와 비슷하지만 주어의 인칭에 따라 형태가 변하지 않으며, 부정형은 '不是'입니다.

주어 ⟩ 是 ⟩ 목적어

예 긍정형
我是留学生。Wǒ shì liúxuéshēng.
他是老师。Tā shì lǎoshī.
我是学生。Wǒ shì xuésheng.

부정형
我不是留学生。Wǒ bú shì liúxuéshēng.
他不是老师。Tā bú shì lǎoshī.
我不是学生。Wǒ bú shì xuésheng.

2 의문조사 '吗'

중국어의 여러 의문 형식 중 가장 간단한 방법은 서술문 끝에 '吗'를 붙이는 것입니다.

서술문 ⟩ 吗?

예 서술문
那是中国国旗。
Nà shì Zhōngguó guóqí.

他是韩国人。
Tā shì Hánguórén.

我是韩国留学生。
Wǒ shì Hánguó liúxuéshēng.

의문문
那是中国国旗吗?
Nà shì Zhōngguó guóqí ma?

他是韩国人吗?
Tā shì Hánguórén ma?

你是韩国留学生吗?
Nǐ shì Hánguó liúxuéshēng ma?

3 형용사 술어문

중국어의 기본 문장 구조는 '주어 + 술어'입니다. 여기서 형용사를 술어로 쓰면 '형용사 술어문'이라고 합니다. 이때 형용사 앞에 부사 '很'을 쓰는데 이는 중국인들이 습관적으로 쓰는 것이므로 반드시 '매우'라고 해석하지는 않습니다. 부정문은 형용사 앞에 '不'를 씁니다.

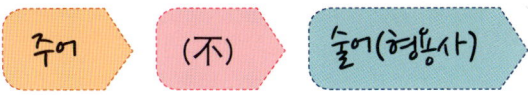

예 긍정형

人很多。 Rén hěn duō.
教室很大。 Jiàoshì hěn dà.
我很忙。 Wǒ hěn máng.

부정형

人不多。 Rén bù duō.
教室不大。 Jiàoshì bú dà.
我不忙。 Wǒ bù máng.

4 부사 '也'

부사 '也'는 '~도 역시', '~ 또한'이라는 뜻으로, 동사나 형용사 앞에서 동작이 같거나 사람이나 사물이 동일한 상태임을 나타냅니다. 부사 '很', '不'를 같이 쓰면 '也'를 먼저 씁니다.

예 人也很多。 Rén yě hěn duō.
他是韩国人，我也是韩国人。 Tā shì Hánguórén, wǒ yě shì Hánguórén.
他也不是中国人。 Tā yě bú shì Zhōngguórén.

 단어

他 tā 대 그, 그 사람 | 教室 jiàoshì 명 교실 | 忙 máng 형 바쁘다

종합 연습

1 다음 단어와 관련있는 사진을 고르세요.

1) 韩国 (　)　　2) 日本 (　)　　3) 美国 (　)　　4) 中国 (　)

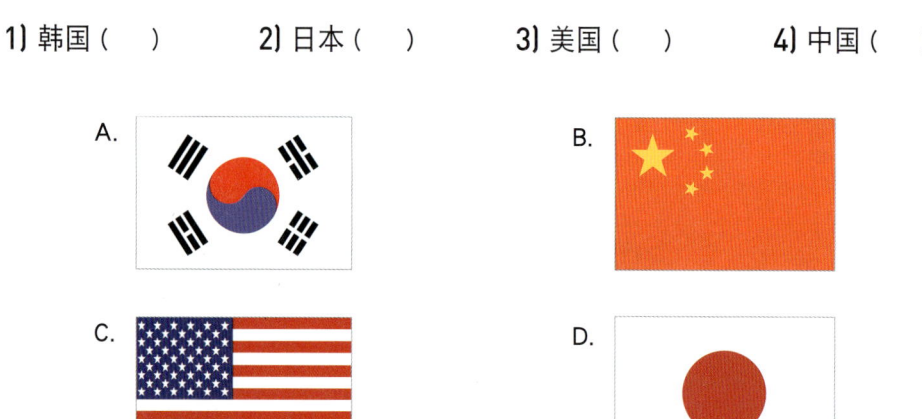

2 다음을 어순에 맞게 바르게 배열해 보세요.

1) 我　　金民浩　　叫

➡ ＿＿＿＿＿＿＿＿＿＿＿＿＿＿＿＿＿＿＿＿＿＿＿＿＿＿＿。

2) 是　　我　　留学生　　韩国

➡ ＿＿＿＿＿＿＿＿＿＿＿＿＿＿＿＿＿＿＿＿＿＿＿＿＿＿＿。

3) 中国　　那是　　吗　　国旗

➡ ＿＿＿＿＿＿＿＿＿＿＿＿＿＿＿＿＿＿＿＿＿＿＿＿＿＿＿？

4) 广场　　呀　　天安门　　大　　很

➡ ＿＿＿＿＿＿＿＿＿＿＿＿＿＿＿＿＿＿＿＿＿＿＿＿＿＿＿。

3 다음 문장을 지시대로 바꾸어 써 보세요.

1) 他是学生。

   의문문 ➡

2) 我是中国人。

   부정문 ➡

3) 他不是老师。

   긍정문 ➡

4 다음 그림을 보고 대화를 완성해 보세요.

1) A: 你是中国人吗?

   B: _____

2) A: _____

   B: 我不是老师。

3) A: 那是天安门吗?

   B: _____

 간체자 쓰기

획순	你你你你你你你				
你	你	你			
nǐ	nǐ	nǐ			
너, 당신					

획순	好好好好好好				
好	好	好			
hǎo	hǎo	hǎo			
좋다					

획순	我我我我我我我				
我	我	我			
wǒ	wǒ	wǒ			
나					

획순	是是是是是是是是				
是	是	是			
shì	shì	shì			
~이다					

획순	吗 吗 吗 吗 吗 吗					
吗	吗	吗				
ma	ma	ma				
~입니까?						

획순	很 很 很 很 很 很 很 很 很					
很	很	很				
hěn	hěn	hěn				
매우, 대단히, 아주						

획순	多 多 多 多 多 多					
多	多	多				
duō	duō	duō				
(수량이) 많다						

획순	丁 刋 刋 那 那 那					
那	那	那				
nà	nà	nà				
그, 저						

4과
중국의 민족과 언어

회화 1 56개 민족
회화 2 8대 방언

중국도 한국처럼 단일 민족일까요?

중국은 총인구의 약 92%인 한족과 8%인 55개의 소수 민족으로 구성된 다민족 국가입니다. 한족을 제외한 55개 민족의 인구수가 한족에 비해 많이 적기 때문에 '소수 민족'이라고 합니다. 소수 민족 가운데 비교적 인구가 많은 3대 소수 민족은 '장족(壮族 Zhuàngzú)', '만주족(满族 Mǎnzú)', '회족(回族 Huízú)'입니다. 소수 민족은 인구는 적지만 주로 천연자원이 풍부한 변경 지역에 살고 있어 중국에서 경제적, 전략적으로 매우 중요합니다.

소수 민족은 역사, 문화, 환경 등 여러 방면에서 서로 다르지만 중국은 '民族大家庭 mínzú dàjiātíng'이란 슬로건 아래 민족의 단합과 단결을 강조한 '중화민족론'을 표방하고 있습니다. 56개 민족이 고유의 문화를 인정하며 조화를 이루어 사는 곳이 바로 중국입니다.

중국의 언어는 몇 개일까요?

많은 민족이 사는 중국에는 80여 종 이상의 언어가 있습니다. 그중 한족의 언어인 '汉语 Hànyǔ'를 사용하는 인구가 가장 많습니다.

현대 '汉语 Hànyǔ'는 표준어인 푸퉁화와 방언으로 나누는데, 푸퉁화는 '북경 어음(北京语音 Běijīng yǔyīn)'을 표준음으로 하고, '북방화(北方话 běifānghuà)'를 기초 방언으로 합니다. 방언은 크게 '관화 방언(官话方言 guānhuà fāngyán)', '오 방언(吴方言 Wú fāngyán)', '상 방언(湘方言 Xiāng fāngyán)', '감 방언(赣方言 Gàn fāngyán)', '객가 방언(客家方言 Kèjiā fāngyán)', '월 방언(粤方言 Yuè fāngyán)', '민 방언(闽方言 Mǐn fāngyán)', '진 방언(晋方言 Jìn fāngyán)'의 8개 계통으로 나뉩니다. 중국 정부는 소수 민족의 문화를 존중하고 보존하기 위해 그들의 고유 언어와 문자 사용을 인정하고 있습니다. 그래서 전국인민대표대회를 비롯한 중요 회의에서 각 민족의 언어와 문자로 된 자료 및 통역을 제공하고, 중국 관영 방송인 CCTV와 지역 방송국은 일정한 채널이나 시간을 할애하여 16개 소수 민족 언어로 방송을 내보내고 있습니다.

이렇듯 중국은 소수 민족의 언어 사용을 중시하면서도, 푸퉁화의 사용을 의무화하는 이중 언어 교육 방침을 표방하고 있습니다. 그래서 소수 민족의 언어와 문자를 사용하는 인구가 점차 줄어들고 있다고 합니다.

주제 토론

중국의
다섯 개 자치구는
어디일까요?

인구가 가장 많은
소수 민족은
어느 민족이며,
조선족의 인구수는
얼마일까요?

중국의
8대 방언은
무엇일까요?

소수 민족
언어(방언)에 대한
중국 정부의
입장은
무엇일까요?

01 02 03 04 중국의 민족과 방언

새 단어

MP3 4-1

▶▶▶ 회화 1

□ 有 yǒu 동 있다

□ 多少 duōshao 대 얼마, 몇

□ 个 ge 양 개, 명(사람이나 물건을 세는 양사)

□ 民族 mínzú 명 민족

□ 人口 rénkǒu 명 인구

□ 最 zuì 부 가장, 제일

□ 的 de 조 ~의, 은/는

□ 汉族 Hànzú 명 한족

□ 吧 ba 조 (동의, 제안, 추측, 명령 등을 나타내는 어기조사)

▶▶▶ 회화 2

□ 不 bù 부 (동사, 형용사, 또는 기타 부사 앞에서 부정을 나타냄)

□ 懂 dǒng 동 알다, 이해하다, 터득하다

□ 他们 tāmen 대 그들

□ 话 huà 명 말

□ 说 shuō 동 말하다, 이야기하다

□ 方言 fāngyán 명 방언

□ 普通话 pǔtōnghuà 명 푸통화 (현대 중국)표준어

□ 地 dì 명 육지, 땅

 **회화 1** 56개 민족

김민호와 왕리가 중국의 민족에 대해 이야기합니다.

金民浩　中国有多少个民族?
　　　　Zhōngguó yǒu duōshao ge mínzú?

王　丽　中国有五十六个民族。
　　　　Zhōngguó yǒu wǔshíliù ge mínzú.

金民浩　人口最多的是汉族吧?
　　　　Rénkǒu zuì duō de shì Hànzú ba?

王　丽　是的。
　　　　Shìde.

회화 2   8대 방언

김민호와 왕리가 중국의 방언에 대해 이야기합니다.

金民浩　我不懂他们的话。
　　　　Wǒ bù dǒng tāmen de huà.

王　丽　他们说的是方言，不是普通话。
　　　　Tāmen shuō de shì fāngyán, bú shì pǔtōnghuà.

金民浩　中国有多少个方言？
　　　　Zhōngguó yǒu duōshao ge fāngyán?

王　丽　中国有八大方言。
　　　　Zhōngguó yǒu bā dà fāngyán.

金民浩　中国地大，人多，方言也多呀！
　　　　Zhōngguó dì dà, rén duō, fāngyán yě duō ya!

문장 말하기

MP3 4-4

녹음을 듣고 따라 읽으세요.

1
民族　mínzú
五十六个民族　wǔshíliù ge mínzú
有五十六个民族　yǒu wǔshíliù ge mínzú
中国有五十六个民族。　Zhōngguó yǒu wǔshíliù ge mínzú.

2
方言　fāngyán
八大方言　bā dà fāngyán
有八大方言　yǒu bā dà fāngyán
中国有八大方言。　Zhōngguó yǒu bā dà fāngyán.

3　我不懂 他们 的话。
爸爸
妈妈
老师

단어
爸爸 bàba 명 아빠, 아버지
妈妈 māma 명 엄마, 어머니

4　他们说的是 方言 。
普通话
汉语
英语

汉语 Hànyǔ 명 중국어
英语 Yīngyǔ 명 영어

50

문장 쓰기

MP3 4-5

녹음을 듣고 따라 읽으면서 알맞은 한어병음을 써 보세요.

1 是的。

2 不是普通话。

3 中国地大。

4 方言也多呀!

핵심 문법

1 양사 '个'

'책 한 권', '물 한 잔', '사람 한 명'에서 '권', '잔', '명'처럼 수량을 세는 단위를 양사라고 합니다. '个'는 비교적 사용 범위가 넓은 양사로, 사람이나 사물을 세는 데 두루 씁니다. 그리고 양사 앞에서 숫자 2는 반드시 '两'으로 써야 합니다.

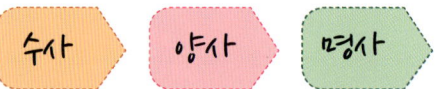

> 예 我有两个妹妹。Wǒ yǒu liǎng ge mèimei.
> 我喝一杯水。Wǒ hē yì bēi shuǐ.

2 구조조사 '的'

'的'는 '~의', '~은/는'이라는 뜻의 구조조사로 명사나 대명사, 인칭대사, 형용사구가 명사를 수식할 때 명사 앞에 씁니다.

① 명사나 대명사가 명사를 수식하여 소유나 소속 관계를 나타낼 때는 '~의'라는 뜻입니다.

> 예 我不懂他们的话。Wǒ bù dǒng tāmen de huà.
> 这是老师的书。Zhè shì lǎoshī de shū.

② 인칭대사가 명사를 수식하여 가족이나 친척, 친구 및 소속 단체를 나타낼 때는 '~의'라는 뜻입니다. 이때는 '的'를 생략할 수도 있습니다.

> 예 那是我们(的)学校。Nà shì wǒmen (de) xuéxiào.
> 他是我(的)爸爸。Tā shì wǒ (de) bàba.

③ 형용사구(最/很 + 형용사)가 명사를 수식할 때는 '~은/는'이라는 뜻이 됩니다.

> 예 人口最多的是汉族吧。Rénkǒu zuì duō de shì Hànzú ba.
> 这是很好的茶。Zhè shì hěn hǎo de chá.

 단어

妹妹 mèimei 명 여동생 | 喝 hē 동 마시다 | 杯 bēi 양 잔, 컵 | 水 shuǐ 명 물 | 这 zhè 대 이것, 이 | 书 shū 명 책 | 我们 wǒmen 대 우리(들) | 学校 xuéxiào 명 학교 | 茶 chá 명 차

3 어기조사 '吧'

'吧'는 문장 맨 끝에 쓰는 어기조사로, '~이지요?', '~이지?'라는 추측과 '~합시다', '~하자'라는 제안, 그리고 '~하세요', '~해'라는 명령의 어기를 나타냅니다.

예 [추측] 人口最多的是汉族吧? Rénkǒu zuì duō de shì Hànzú ba?
　　[제안] 我们走吧。Wǒmen zǒu ba.
　　[명령] 你说吧。Nǐ shuō ba.

4 의문대사 '多少'

'多少'는 '몇', '얼마'라는 뜻으로, 숫자를 물을 때 쓰는 의문대사입니다. 일반적으로 10 이상의 숫자를 물을 때 사용하며, 10 이하의 숫자를 물을 때는 의문대사 '几'를 씁니다. '多少' 뒤에는 양사를 생략할 수 있지만, '几' 뒤에는 반드시 양사를 써야 합니다.

예 中国有多少个民族? Zhōngguó yǒu duōshao ge mínzú?
　 你有几本书? Nǐ yǒu jǐ běn shū?
　 你们班有多少学生? Nǐmen bān yǒu duōshao xuésheng?

走 zǒu 동 걷다 | 几 jǐ 대 몇 | 本 běn 양 권(책을 세는 양사) | 班 bān 명 조, 그룹, 반

종합 연습

1 다음 단어와 관련있는 사진을 고르세요.

1) 韩国 (　)　　2) 日本 (　)　　3) 美国 (　)　　4) 中国 (　)

A. 　　B. 　　C. 　　D.

2 다음을 어순에 맞게 바르게 배열해 보세요.

1) 有　　中国　　多少　　民族　　个

➡ _____?

2) 说　　他们　　普通话　　是　　的

➡ _____。

3) 方言　　中国　　多少　　个　　有

➡ _____?

4) 人口　　汉族　　的　　是　　吧　　最多

➡ _____?

3 다음 문장을 지시대로 바꾸어 써 보세요.

1) 他们说的是方言。

   의문문 ➡

2) 他们说的是普通话。

   부정문 ➡

3) 我不懂他们的话。

   긍정문 ➡

4 다음 사진을 보고 대화를 완성해 보세요.

1) A: _____
   B: 我有两本书。

2) A: 中国有多少个民族?
   B: _____

3) A: 人口最多的是汉族吧?
   B: _____

 간체자 쓰기

획순	一 ナ 才 冇 有 有					
有	有	有				
yǒu	yǒu	yǒu				
있다						

획순	亻 个 个					
个	个	个				
ge	ge	ge				
개, 명						

획순	最 最 最 最 最 最 最 最 最 最 最 最					
最	最	最				
zuì	zuì	zuì				
가장, 제일						

획순	懂 懂 懂 懂 懂 懂 懂 懂 懂 懂 懂 懂 懂 懂 懂					
懂	懂	懂				
dǒng	dǒng	dǒng				
알다, 이해하다						

획순	话话话话话话话话				
话	话	话			
huà	huà	huà			
말					

획순	说说说说说说说说说				
说	说	说			
shuō	shuō	shuō			
말하다, 이야기하다					

획순	地地地地地地				
地	地	地			
dì	dì	dì			
육지, 땅					

획순	呀呀呀呀呀呀呀				
呀	呀	呀			
ya	ya	ya			
(감탄을 나타냄)					

5과
중국인과 숫자

회화 1 숫자 '4'
회화 2 숫자 '8'

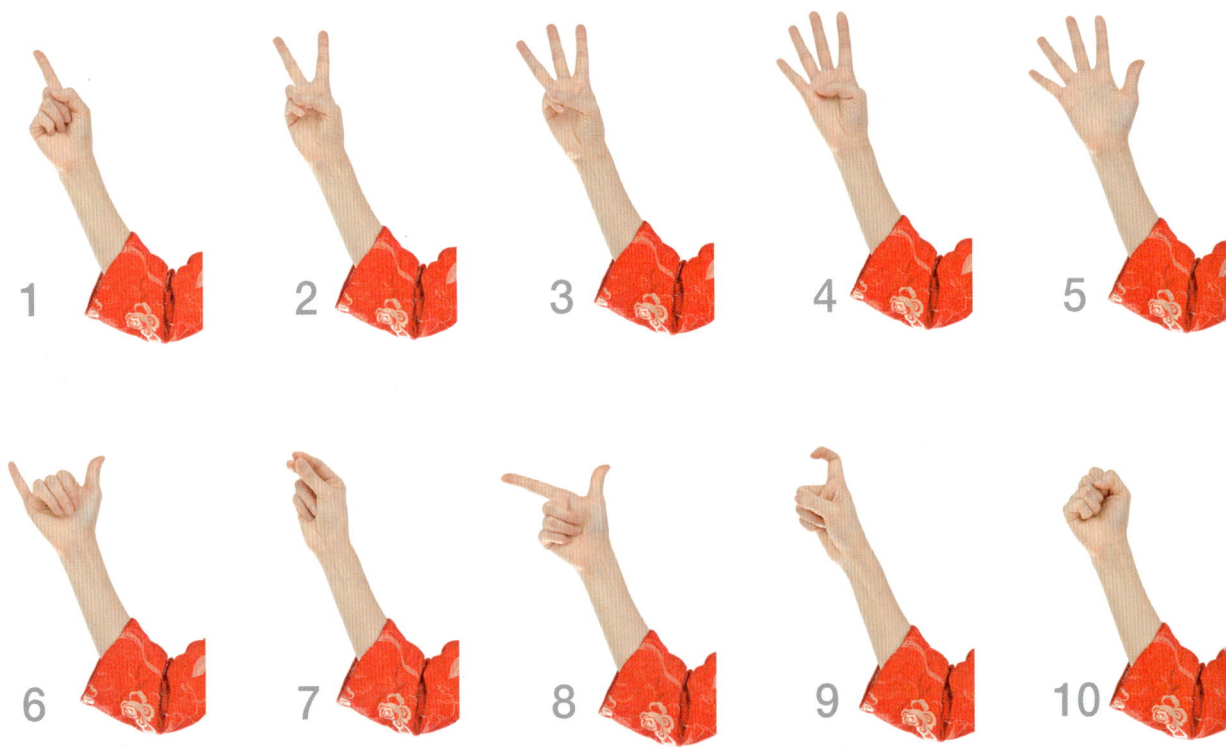

중국인이 좋아하는 숫자는 무엇일까요?

중국인들이 가장 좋아하는 숫자는 '8'입니다. '八 bā'가 '큰돈을 벌다'라는 뜻을 가진 '发财 fācái'를 연상시키기 때문입니다. 그래서 '8'이 들어간 전화번호나 자동차 번호는 재물을 가져다 주는 행운의 숫자라고 좋아합니다. 베이징 올림픽 개막식이 2008년 8월 8일 저녁 8시였던 것도 바로 이 때문입니다. 숫자 '8'은 종종 경매에 나오기도 합니다. '사천 성(四川省 Sìchuān shěng)'의 '청두(成都 Chéngdū)' 전화국에서 전화번호 '8888-8888'을 경매에 붙였는데, 3억 3,950만 원을 제시한 사천 공항이 낙찰받았다고 합니다.

중국인들은 숫자 '6'도 좋아하는데, 이는 '모든 것이 물 흐르듯 순조롭

다'라는 의미의 '流 liú'와 발음이 비슷하기 때문입니다. 그래서 중국인들은 새해 인사나 기원의 말을 건넬 때 '六六大顺 liùliù dàshùn'('6'이 둘 겹친 것처럼 크게 순조롭다)이라는 말을 합니다. 이외에도 숫자 '9'는 '영원 무궁', '장수'를 뜻하는 '久 jiǔ'와 발음이 같아서 좋아합니다.

중국인이 싫어하는 숫자는 무엇일까요?

중국인들은 숫자 '4'가 '죽음'을 뜻하는 '死 sǐ'와 발음이 비슷하여 싫어합니다. 한국인 중에서도 '죽을 사(死)'라고 생각하여 숫자 '4'를 싫어하는 사람이 있지요? 또한 중국인들은 숫자 '7'도 싫어합니다. 한자 '七 qī'가 '없어지다', '잃다'라는 뜻의 '亡 wáng'과 모양이 비슷하고, '生气 shēngqì(화를 내다)'의 '气 qì'와 발음이 비슷하기 때문입니다. 또 고인의 제사를 7일을 주기로 7번을 지내기 때문에 '7'을 '죽음', '귀신'과 연관시켜 싫어합니다. 또한 '74'는 '화가 나서 죽겠다'라는 뜻의 '气死 qìsǐ'와 발음이 비슷하기 때문에 중국인들은 '7'과 '4'를 같이 쓰는 것을 피합니다.

 주제 토론

중국인이 좋아하는 숫자와 그 이유는 무엇일까요?

중국인이 싫어하는 숫자와 그 이유는 무엇일까요?

중국인은 홀수와 짝수 중 무엇을 더 선호할까요?

한국인이 좋아하는 숫자는 무엇일까요?

새 단어

MP3 5-1

▶▶ 회화 1

☐ 请 qǐng 〈동〉 (경어) ~하세요(영어의 'please'에 해당)

☐ 上 shàng 〈동〉 오르다, 타다

☐ 电梯 diàntī 〈명〉 엘리베이터

☐ 里 li 〈명〉 안, 속, 가운데

☐ 为什么 wèishénme 〈대〉 왜, 무엇 때문에

☐ 没有 méiyǒu 〈동〉 없다

☐ 数字 shùzì 〈명〉 수, 숫자

☐ 喜欢 xǐhuan 〈동〉 좋아하다, 호감을 가지다, 흥미를 느끼다

☐ 因为 yīnwèi 〈접〉 왜냐하면

☐ 跟 gēn 〈개〉 ~와/과

☐ 死 sǐ 〈동〉 죽다

☐ 发音 fāyīn 〈명〉 발음

☐ 差不多 chàbuduō 〈형〉 비슷하다, 큰 차이가 없다

☐ 原来 yuánlái 〈부〉 원래, 본래, 알고 보니

☐ 这样 zhèyàng 〈대〉 이렇다, 이와 같다

☐ 啊 ā, a 〈감〉〈조〉 감탄을 나타냄

▶▶ 회화 2

☐ 买 mǎi 〈동〉 사다, 구매하다

☐ 两 liǎng 〈수〉 둘, 2(양사 앞에 씀)

☐ 瓶 píng 〈양〉 병(병을 세는 양사)

☐ 酒 jiǔ 〈명〉 술

☐ 双数 shuāngshù 〈명〉 짝수

☐ 听说 tīngshuō 〈동〉 듣자 하니, 듣건대

☐ 知道 zhīdào 〈동〉 알다, 이해하다

☐ 发财 fācái 〈동〉 돈을 벌다, 부자가 되다

회화 1 — 숫자 '4'

중국인이 싫어하는 숫자에 대해 왕리와 김민호가 이야기합니다.

王丽 请上电梯。
Qǐng shàng diàntī.

金民浩 电梯里为什么没有数字'四'?
Diàntī li wèishénme méiyǒu shùzì 'sì'?

王丽 中国人不喜欢'四'。
Zhōngguórén bù xǐhuan 'sì'.

金民浩 是吗?
Shì ma?

王丽 因为'四'跟'死'发音差不多。
Yīnwèi 'sì' gēn 'sǐ' fāyīn chàbuduō.

金民浩 啊! 原来是这样。
Ā! Yuánlái shì zhèyàng.

회화 2 — 숫자 '8'

중국인이 좋아하는 숫자에 대해 김민호와 왕리가 이야기합니다.

金民浩　你为什么买两瓶酒？
Nǐ wèishénme mǎi liǎng píng jiǔ?

王　丽　中国人喜欢双数。
Zhōngguórén xǐhuan shuāngshù.

金民浩　听说中国人喜欢数字'八'。
Tīngshuō Zhōngguórén xǐhuan shùzì 'bā'.

王　丽　你知道为什么吗？
Nǐ zhīdào wèishénme ma?

金民浩　不知道。
Bù zhīdào.

王　丽　因为'八'跟'发财'的'发'发音差不多。
Yīnwèi 'bā' gēn 'fācái' de 'fā' fāyīn chàbuduō.

문장 말하기

MP3 5-4

녹음을 듣고 따라 읽으세요.

1 电梯　diàntī
　　　上电梯　shàng diàntī
　　　请上电梯。　Qǐng shàng diàntī.

2 两瓶酒　liǎng píng jiǔ
　　　买两瓶酒　mǎi liǎng píng jiǔ
　　　为什么买两瓶酒　wèishénme mǎi liǎng píng jiǔ
　　　你为什么买两瓶酒？　Nǐ wèishénme mǎi liǎng píng jiǔ?

3 因为'四'跟'死'发音差不多。
　　　'六'　'流'
　　　'八'　'发'
　　　'九'　'久'

4 中国人喜欢双数。
　　　红色
　　　武术
　　　京剧

단어
- 红色 hóngsè 명 붉은색, 빨강
- 武术 wǔshù 명 무술
- 京剧 jīngjù 명 경극

문장 쓰기

녹음을 듣고 따라 읽으면서 알맞은 한어병음을 써 보세요.

1 中国人不喜欢数字'四'。

2 因为'四'跟'死'发音差不多。

3 听说中国人喜欢数字'八'。

4 你知道为什么吗?

1 동사 '请'

동사 '请'은 영어의 'please'에 해당하는 말로, 상대방에게 어떤 일을 공손하게 부탁하거나 권할 때 동사 앞에 씁니다. '请'을 쓰지 않으면 다소 강한 어감을 주어 명령처럼 들릴 수도 있습니다.

请 → 동사

예) 请上电梯。Qǐng shàng diàntī.
请进。Qǐng jìn.
请坐。Qǐng zuò.

2 의문대사 '为什么'

중국어의 의문문은 '吗'를 사용하는 것 외에 의문대사로 의문문을 만들 수도 있습니다. '언제', '어디서', '왜', '무엇을', '어떻게' 등의 뜻을 나타내는 의문대사를 써서 구체적인 상황을 물을 수 있습니다. '为什么'는 '왜', '어째서'라는 뜻으로, 이유를 묻는 의문대사입니다. 한편 본문에서는 '你知道…吗'의 목적어로도 쓰였습니다.

예) 你为什么买两瓶酒？Nǐ wèishénme mǎi liǎng píng jiǔ?
你为什么去中国？Nǐ wèishénme qù Zhōngguó?
中国人为什么喜欢数字'八'？Zhōngguórén wèishénme xǐhuan shùzì 'bā'?

进 jìn 동 (밖에서 안으로) 들다 | 坐 zuò 동 앉다 | 去 qù 동 가다

3 접속사 '因为'

'因为'는 '왜냐하면'이라는 뜻의 접속사로, 일반적으로 '因为＋A…＋所以＋B…'의 형태로 쓰여 원인과 결과를 나타냅니다. 뜻은 'A하기 때문에 B하다'이며, 원인과 결과의 주어가 같다면 '因为'만 단독으로 써서 원인을 말할 수도 있습니다.

예 因为 '四' 跟 '死' 发音差不多。
Yīnwèi 'sì' gēn 'sǐ' fāyīn chàbuduō.

因为他不喝酒，所以身体一直很好。
Yīnwèi tā bù hē jiǔ, suǒyǐ shēntǐ yìzhí hěn hǎo.

因为中国人喜欢双数，所以我买两瓶酒。
Yīnwèi Zhōngguórén xǐhuan shuāngshù, suǒyǐ wǒ mǎi liǎng píng jiǔ.

4 '跟…差不多'

개사 '跟'은 일반적으로 'A＋跟＋B'의 형태로 쓰여 'A와 B가 함께'라는 뜻입니다. 본문에서는 'A＋跟＋B＋差不多'의 형태로 써서 'A와 B는 비슷하다'라는 뜻을 나타냅니다. 즉, A와 B를 비교했을 때 그 결과가 비슷하다는 의미를 나타내는 비교 용법입니다.

예 因为 '八' 跟 '发财' 的 '发' 发音差不多。Yīnwèi 'bā' gēn 'fācái' de 'fā' fāyīn chàbuduō.
我跟他一起去。Wǒ gēn tā yìqǐ qù.
我的手表跟他的(手表)差不多。Wǒ de shǒubiǎo gēn tā de (shǒubiǎo) chàbuduō.

 단어

所以 suǒyǐ 접 그래서, 때문에 | **身体 shēntǐ** 명 몸, 신체, 건강 | **一直 yìzhí** 부 계속, 줄곧 | **一起 yìqǐ** 부 같이, 함께 | **手表 shǒubiǎo** 명 시계

종합 연습

1 다음 숫자와 연관 있는 단어를 연결해 보세요.

2 다음을 어순에 맞게 바르게 배열해 보세요.

1) 电梯   上   请

➡ _____。

2) 这样   是   原来

➡ _____。

3) 吗   知道   你   为什么

➡ _____?

4) 为什么   两瓶   酒   买   你

➡ _____?

3 다음 문장을 지시대로 바꾸어 써 보세요.

1) 他买两瓶酒。

   의문문 ➡

2) 中国人不喜欢双数。

   긍정문 ➡

3) 我知道中国人喜欢数字'八'。

   부정문 ➡

4 다음 사진을 보고 질문에 대답하세요.

1) A: 你为什么买两瓶酒?

   B: _____

2) A: 电梯里为什么没有数字'四'?

   B: _____

3) A: 中国人为什么喜欢数字'八'?

   B: _____

 간체자 쓰기

획순	请 请 请 请 请 请 请 请 请					
请 qǐng ~하세요	请 qǐng	请 qǐng				

획순	里 里 里 里 里 里 里					
里 lǐ 안, 속	里 lǐ	里 lǐ				

획순	跟 跟 跟 跟 跟 跟 跟 跟 跟 跟 跟 跟 跟					
跟 gēn ~와/과	跟 gēn	跟 gēn				

획순	死 死 死 死 死 死					
死 sǐ 죽다	死 sǐ	死 sǐ				

획순	买 买 买 买 买 买					
买 mǎi 사다	买 mǎi	买 mǎi				

획순	两 两 两 两 两 两 两					
两 liǎng 둘, 2	两 liǎng	两 liǎng				

획순	瓶 瓶 瓶 瓶 瓶 瓶 瓶 瓶 瓶 瓶					
瓶 píng 병	瓶 píng	瓶 píng				

획순	酒 酒 酒 酒 酒 酒 酒 酒 酒 酒					
酒 jiǔ 술	酒 jiǔ	酒 jiǔ				

6과

중국의 명절

회화 1 중추절
회화 2 단오절

중국의 주요 명절은 무엇일까요?

春节 Chūnjié

춘절은 중국 최대 명절로 음력 1월 1일입니다. 춘절에는 '春联 chūnlián'이나 '年画 niánhuà' 등으로 집 안팎을 장식합니다. 전날 밤에는 온 가족이 모여 '年夜饭 niányèfàn'을 먹는데, '年年有余 nián nián yǒu yú(해마다 여유롭고 풍요롭다)'의 '여유'를 뜻하는 '余 yú'와 발음이 비슷한 '생선(鱼 yú)' 요리가 빠지지 않으며, '更岁交子 gēng suì jiāo zǐ(한 해가 지고 새해로 바뀐다)'에서 '交子 jiāo zǐ'와 발음이 비슷한 '만두(饺子 jiǎozi)'도 먹습니다. 설날 아침에 아이들은 어른들에게 '세배하고(拜年 bàinián)', 어른들은 붉은색이 사악한 기운을 쫓아낸다고 믿기 때문에 빨간 봉투에 '세뱃돈(压岁钱 yāsuìqián)'을 넣어 줍니다.

清明节 Qīngmíngjié

청명절은 24절기의 하나로, 양력으로 4월 4일이나 5일입니다. 봄나들이를 하며 봄의 경치를 감상하는 날이라고 해서 '踏青节 Tàqīngjié'라고도 하며, 조상의 묘를 찾아 벌초와 성묘를 합니다. 청명절과 한식은 날짜가 같거나 하루 이틀 밖에 차이가 나지 않아 같은 명절로 지내기도 합니다.

端午节 Duānwǔjié

단오절은 음력 5월 5일입니다. 단오절의 유래는 전국 시대 초(楚 Chǔ)나라의 시인인 '굴원(屈原 Qū Yuán)'과 관련이 있습니다. 간신들의 모함으로 관직에서 물러난 굴원은 초나라의 수도가 진(秦 Qín)나라에 함락되었다는 소식을 듣고 비통하여 강에 투신하였습니다. 이 소식을 들은 사람들은 배를 타고 그의 시체를 찾으면서 물고기가 그 시체를 훼손하지 못하도록 찹쌀밥을 강물에 던졌습니다. 이후 사람들은 굴원이 죽은 음력 5월 5일에 그를 기리는 제사를 지냈고, 굴원을 찾으며 강에 던졌던 찹쌀밥은 '粽子 zòngzi'로, 배를 타고 시체를 찾던 것은 '龙船 lóngchuán' 시합으로 발전했습니다.

中秋节 Zhōngqiūjié

중추절은 음력 8월 15일입니다. 중국인들이 고대 달에게 제사를 지내며 평안을 기원하던 풍습이 지금까지 전해져 중추절에는 달맞이를 합니다. 둥글고 밝은 달을 보면서 집안이 화목하기를 기원하고, 다양한 소가 들어 있는 둥근 달 모양의 '月饼 yuèbǐng'을 나누어 먹습니다.

주제 토론

중국의
4대 명절은
무엇일까요?

4대 명절에
즐겨 먹는 음식은
무엇일까요?

전국 시대
굴원과
관련 있는
명절은
무엇일까요?

중국의
신화나
전설 속에서
중국인들은
달 속에
무엇이 있다고
생각할까요?

새 단어

▶▶ 회화 1

- 过 guò 동 지내다, 보내다
- 天 tiān 명 하루, 날, 일
- 就 jiù 부 곧, 즉시, 바로
- 中秋节 Zhōngqiūjié 명 중추절, 추석
- 重要 zhòngyào 형 중요하다
- 节日 jiérì 명 기념일, 명절
- 那 nà 접 그러면, 그렇다면 (=那么)
- 怎么 zěnme 대 어떻게, 어째서
- 呢 ne 조 (강조를 나타내는 의문조사)
- 大多数 dàduōshù 형 대다수의, 대부분의
- 都 dōu 부 모두, 다, 전부
- 回 huí 동 되돌아가다, 되돌아오다
- 家乡 jiāxiāng 명 고향
- 吃 chī 동 먹다
- 月饼 yuèbǐng 명 월병, 위에빙
- 赏月 shǎngyuè 동 달구경하다, 달맞이하다
- 松饼 sōngbǐng 명 송편
- 扫墓 sǎomù 동 성묘하다

▶▶ 회화 2

- 今天 jīntiān 명 오늘
- 什么 shénme 대 무엇, 무슨
- 日子 rìzi 명 날, 날짜
- 农历 nónglì 명 음력
- 月 yuè 명 월, 달
- 号 hào 명 일, 날
- 端午节 Duānwǔjié 명 단오절
- 粽子 zòngzi 명 쭝쯔(단오절에 먹는 찹쌀밥)
- 划 huá 동 배를 젓다
- 龙船 lóngchuán 명 용선(뱃머리를 용의 머리로 장식한 배)
- 艾糕 àigāo 명 쑥떡
- 荡 dàng 동 흔들(리)다, 움직이다
- 秋千 qiūqiān 명 그네

회화 1   중추절

MP3 6-2

왕리와 김민호가 중추절에 대해 이야기합니다.

王丽　过几天就是中秋节了。
　　　Guò jǐ tiān jiù shì Zhōngqiūjié le.

金民浩　中秋节是韩国重要的节日。
　　　　Zhōngqiūjié shì Hánguó zhòngyào de jiérì.

王丽　那韩国人怎么过中秋节呢?
　　　Nà Hánguórén zěnme guò Zhōngqiūjié ne?

金民浩　大多数韩国人都回家乡。
　　　　Dàduōshù Hánguórén dōu huí jiāxiāng.

王丽　中国人中秋节吃月饼,赏月。
　　　Zhōngguórén Zhōngqiūjié chī yuèbǐng, shǎngyuè.

金民浩　韩国人吃松饼,扫墓。
　　　　Hánguórén chī sōngbǐng, sǎomù.

 회화 2 　　단오절

왕리와 김민호가 단오절에 대해 이야기합니다.

王 丽　你知道今天是什么日子吗?
Nǐ zhīdào jīntiān shì shénme rìzi ma?

金民浩　今天是农历五月五号，是端午节。
Jīntiān shì nónglì wǔ yuè wǔ hào, shì Duānwǔjié.

王 丽　你们过这个节日吗?
Nǐmen guò zhè ge jiérì ma?

金民浩　是，我们也过。
Shì, wǒmen yě guò.

王 丽　我们端午节吃粽子，划龙船。
Wǒmen Duānwǔjié chī zòngzi, huá lóngchuán.

金民浩　我们吃艾糕，荡秋千。
Wǒmen chī àigāo, dàng qiūqiān.

문장 말하기

MP3 6-4

녹음을 듣고 따라 읽으세요.

1
节日 | jiérì
韩国重要的节日 | Hánguó zhòngyào de jiérì
中秋节是韩国重要的节日。 | Zhōngqiūjié shì Hánguó zhòngyào de jiérì.

2
回家乡 | huí jiāxiāng
都回家乡 | dōu huí jiāxiāng
韩国人都回家乡 | Hánguórén dōu huí jiāxiāng
大多数韩国人都回家乡。 | Dàduōshù Hánguórén dōu huí jiāxiāng.

3　过几天就是 **中秋节** 了。
　　国庆节
　　圣诞节
　　劳动节

단어
- 国庆节 Guóqìngjié 명 국경절
- 圣诞节 Shèngdànjié 명 크리스마스
- 劳动节 Láodòngjié 명 노동절

4　**今天** 是农历五月五号。
　　明天
　　后天
　　昨天

- 明天 míngtiān 명 내일
- 后天 hòutiān 명 모레
- 昨天 zuótiān 명 어제

문장 쓰기

녹음을 듣고 따라 읽으면서 알맞은 한어병음이나 한자를 써 보세요.

1 那韩国人怎么过中秋节呢?

2 你们过这个节日吗?

3 Nǐ zhīdào jīntiān shì shénme rìzi ma?

4 Wǒmen Duānwǔjié chī zòngzi, huá lóngchuán.

 핵심 문법

1 동사 '过'

'过'는 여러 가지 뜻을 지닌 동사로, 본문에서는 '(어떤 시기나 시점을) 보내다', '지내다' 라는 뜻으로 쓰였습니다.

예 过几天就是中秋节了。Guò jǐ tiān jiù shì Zhōngqiūjié le.
　你今天怎么过生日？Nǐ jīntiān zěnme guò shēngrì?
　中国的年轻人怎么过情人节呢？Zhōngguó de niánqīngrén zěnme guò Qíngrénjié ne?

2 의문대사 '怎么'

'怎么'는 '어떻게'라는 뜻의 의문대사로, 동사 앞에 쓰여 행동의 방법이나 방식을 묻습니다. 즉, 상대방에게 어떻게 할 것인지를 물을 때 사용합니다.

 ?

예 那韩国人怎么过中秋节呢？Nà Hánguórén zěnme guò Zhōngqiūjié ne?
　粽子怎么做？Zòngzi zěnme zuò?
　苹果怎么卖？Píngguǒ zěnme mài?

 단어

生日 shēngrì 명 생일 | 年轻人 niánqīngrén 명 젊은 사람, 젊은이 | 情人节 Qíngrénjié 명 발렌타인데이 | 做 zuò 동 만들다, ~을 하다 | 苹果 píngguǒ 명 사과 | 卖 mài 동 팔다

3 어기조사 '了'

어기조사는 문장 끝에 쓰여 다양한 어기를 나타내는 역할을 합니다. 본문의 '了'는 새로운 상황의 출현이나 변화를 나타내는 어기조사입니다.

> 예) 过几天就是中秋节了。Guò jǐ tiān jiù shì Zhōngqiūjié le.
> 下雨了。Xià yǔ le.
> 天气冷了。Tiānqì lěng le.

4 부사 '都'

'都'는 '모두'라는 뜻의 부사로, 주어와 술어 사이에 위치합니다. 따라서 '都' 앞에는 복수를 나타내는 대명사나 명사가 옵니다.

> 예) 大多数韩国人都回家乡。Dàduōshù Hánguórén dōu huí jiāxiāng.
> 他们都是留学生。Tāmen dōu shì liúxuéshēng.
> 我们都学汉语。Wǒmen dōu xué Hànyǔ.

단어

下雨 xià yǔ 동 비가 오다 | 天气 tiānqì 명 날씨 | 冷 lěng 형 춥다 | 学 xué 동 배우다, 공부하다

1 다음 두 명절과 관련있는 단어를 연결해 보세요.

1)

- A. 吃月饼

- B. 吃粽子

2)

- C. 赏月

- D. 划龙船

2 다음을 어순에 맞게 바르게 배열해 보세요.

1) 端午节　　过　　也　　我们

➡ 　　　　　　　　　　　　　　　。

2) 农历　　五月五号　　是　　今天

➡ 　　　　　　　　　　　　　　　。

3) 什么日子吗　　是　　知道　　你　　今天

➡ 　　　　　　　　　　　　　　　？

4) 重要的　　韩国　　节日　　中秋节　　是

➡ 　　　　　　　　　　　　　　　。

3 빈칸에 들어갈 단어를 보기에서 골라 써 보세요.

> 都　　了　　怎么　　过

1) 你们 _____ 这个节日吗?

2) 过几天就是中秋节 _____ 。

3) 大多数韩国人 _____ 回家乡。

4) 那韩国人 _____ 过中秋节呢?

4 다음 사진을 보고 질문에 대답하세요.

1) A: 端午节是几月几号?

　　B: _____

2) A: 韩国人中秋节吃什么?

　　B: _____

3) A: 中秋节是几月几号?

　　B: _____

 간체자 쓰기

획순	重重重重重重重重重 要要要要要要要要要		
重要 zhòngyào 중요하다	重 要 zhòngyào		

획순	节节节节节 日冂月日		
节日 jiérì 기념일, 명절	节 日 jiérì		

획순	怎怎怎怎怎怎怎怎怎 么么么		
怎么 zěnme 어떻게, 어째서	怎 么 zěnme		

획순	都都都都都都都都都都		
都 dōu 모두, 다, 전부	都 dōu	都 dōu	

84

획순	吃吃吃吃吃吃				
吃	吃	吃			
chī	chī	chī			
먹다					

획순	今今今今		天天天天		
今天	今	天			
jīntiān	jīntiān				
오늘					

획순	什什什什		么么么		
什么	什	么			
shénme	shénme				
무엇, 무슨					

획순	农农农农农农		历历历历		
农历	农	历			
nónglì	nónglì				
음력					

7과

중국의 차 문화

- 회화 1 시원한 차
- 회화 2 유명한 차

중국인에게 차는 어떤 의미일까요?

중국 속담 '아침에 차를 마시면 하루 종일 위풍당당하고, 정오에 차를 마시면 일하는 것이 즐겁고, 저녁에 차를 마시면 정신이 들고 피로가 가신다.'라는 말은 차와 중국인의 일상생활이 매우 밀접하다는 것을 보여줍니다.

차는 심신 건강에 도움이 될 뿐만 아니라 기름기가 많은 중국 음식에 어울리는 음료입니다. 아울러 차를 우리고 마시는 과정은 중국인들의 '만만디(慢慢地)', 유유자적의 문화를 잘 드러냅니다.

그렇다면 중국인들은 언제부터 차를 마시기 시작했을까요? 전설에 의하면 '신농(神农 Shénnóng)'이라 불리던 왕은 백성들이 먹어서는 안 되는 독초와 병을 치유하는 약초를 구별하기 위해 모든 풀들을 직접 씹어 보았다고 합니다. 이렇게 하루에도 여러 번 독초를 먹었는데 그 때마다 차를 마셔 해독했다고 합니다. 이후의 역사서에도 차에 대한 기록이 많으니, 중국인들은 오래 전부터 차를 마셔온 것이 분명합니다.

중국 차에는 어떤 것들이 있을까요?

중국의 차는 유구한 역사만큼 그 종류도 다양합니다. 일반적으로 발효 정도에 따라 불발효차, 반발효차, 발효차, 후발효차 네 종류로 나눕니다. 불발효차는 찻잎을 딴 후 바로 증기로 찌거나 솥에서 볶아 발효되지 않도록 하여 녹색이 그대로 유지된 차로, 녹차라고도 합니다. '서호용정(西湖龙井 Xīhú lóngjǐng)', '동정벽라춘(洞庭碧螺春 Dòngtíng bìluóchūn)', '황산모봉(黄山毛峰 Huángshān máofēng)'이 대표적인 녹차입니다. 반발효차는 10% ~ 70% 정도 발효한 것으로 '백호은침(白毫银针 Báiháo yínzhēn)', '안계철관음(安溪铁观音 Ānxī tiěguānyīn)', '동정오룡차(东顶乌龙茶 Dōngdǐng wūlóngchá)'가 대표적입니다. 발효차는 떫은 맛이 강한데, '기문홍차(祁门红茶 Qímén hóngchá)'가 유명합니다. 후발효차는 녹차의 제조 방법과 같이 효소를 파괴한 뒤 찻잎을 퇴적하여 공기 중에 있는 미생물의 번식을 유도해 다시 발효한 것입니다. 후발효차는 황차인 '군산은침(君山银针 Jūnshān yínzhēn)'과 흑차인 '운남보이차(云南普洱茶 Yúnnán pǔ'ěrchá)'가 유명합니다.

주제 토론

중국에서
차가 발달한
이유는 무엇일까요?

중국의
5대 명차는
무엇일까요?

'흑차'로
알려져 있는
보이차가
생산되는 지역은
어디일까요?

한국인이
즐겨 마시는
중국 차는
무엇일까요?

새 단어

MP3 7-1

▶▶ 회화 1

☐ 谢谢 xièxie 동 감사합니다, 고맙습니다

☐ 请问 qǐngwèn 동 말씀 좀 묻겠습니다

☐ 凉 liáng 형 시원하다, 서늘하다

☐ 热 rè 형 덥다, 뜨겁다

☐ 想 xiǎng 조동 ~하고 싶다

☐ 怪不得 guàibude 부 어쩐지, 과연

☐ 热水 rèshuǐ 명 따뜻한 물

▶▶ 회화 2

☐ 哪 nǎ 대 무엇, 어떤, 어느

☐ 些 xiē 양 조금, 약간, 몇 (일정하지 않은 적은 수량을 나타냄)

☐ 名茶 míngchá 명 명차, 유명한 차

☐ 种类 zhǒnglèi 명 종류

☐ 过 guo 조 ~한 적이 있다 (과거의 경험을 나타냄)

☐ 茉莉花茶 mòlìhuāchá 명 재스민 차

☐ 还 hái 부 또, 더, 아직

☐ 龙井茶 lóngjǐngchá 명 용정차

☐ 普洱茶 pǔ'ěrchá 명 보이차 (운남성에서 생산되는 대표적인 흑차)

☐ 等等 děngděng 조 기타, 등등, 따위

☐ 咖啡因 kāfēiyīn 명 카페인

회화 1 시원한 차

김민호와 왕리가 중국의 차 문화에 대해 이야기합니다.

服务员 请坐，请喝茶。
Qǐng zuò, qǐng hē chá.

金民浩 谢谢！请问，有凉的茶吗?
Xièxie! Qǐngwèn, yǒu liáng de chá ma?

王丽 凉的茶?
Liáng de chá?

金民浩 今天天气很热，我想喝凉的茶。
Jīntiān tiānqì hěn rè, wǒ xiǎng hē liáng de chá.

王丽 中国人不喝凉的茶，喝热的茶。
Zhōngguórén bù hē liáng de chá, hē rè de chá.

金民浩 怪不得中国人都喝热水。
Guàibude Zhōngguórén dōu hē rèshuǐ.

회화 2 — 유명한 차

김민호와 왕리가 중국의 명차에 대해 이야기합니다.

金民浩　中国有哪些名茶?
　　　　Zhōngguó yǒu nǎxiē míngchá?

王　丽　种类很多，你喝过什么茶?
　　　　Zhǒnglèi hěn duō, nǐ hēguo shénme chá?

金民浩　我喝过茉莉花茶。还有什么茶?
　　　　Wǒ hēguo mòlìhuāchá. hái yǒu shénme chá?

王　丽　还有龙井茶、普洱茶等等。
　　　　Hái yǒu lóngjǐngchá、 pǔ'ěrchá děngděng.

金民浩　我妈妈喜欢喝普洱茶。
　　　　Wǒ māma xǐhuan hē pǔ'ěrchá.

王　丽　普洱茶没有咖啡因。
　　　　Pǔ'ěrchá méiyǒu kāfēiyīn.

 문장 말하기

MP3 7-4

녹음을 듣고 따라 읽으세요.

1
凉的茶　liáng de chá
喝凉的茶　hē liáng de chá
想喝凉的茶　xiǎng hē liáng de chá
我想喝凉的茶。　Wǒ xiǎng hē liáng de chá.

2
普洱茶　pǔ'ěrchá
喝普洱茶　hē pǔ'ěrchá
喜欢喝普洱茶　xǐhuan hē pǔ'ěrchá
我妈妈喜欢喝普洱茶。　Wǒ māma xǐhuan hē pǔ'ěrchá.

3 你 喝 过什么 茶 ?
　　去　　地方
　　看　　电影
　　吃　　中国菜

단어
- 地方 dìfang 명 곳, 장소
- 看 kàn 동 보다
- 电影 diànyǐng 명 영화
- 菜 cài 명 음식, 요리

4 还有什么 茶 ?
　　　　酒
　　　　饮料
　　　　水果

- 饮料 yǐnliào 명 음료
- 水果 shuǐguǒ 명 과일

문장 쓰기

MP3 7-5

녹음을 듣고 따라 읽으면서 알맞은 한어병음이나 한자를 써 보세요.

1 请喝茶。

2 有凉的茶吗?

3 Zhōngguó yǒu nǎ xiē míngchá?

4 Guàibude Zhōngguórén dōu hē rèshuǐ.

1 조동사 '想'과 '要'

동사 앞에서 동사를 도와주는 것이 조동사입니다. 조동사 '想'과 '要'는 동사의 희망이나 바람, 의지 등을 나타냅니다.

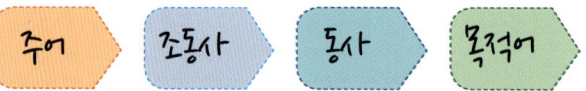

① '想'은 '~하고 싶다'라는 희망과 바람을 나타내며 부정형은 '不想'입니다.

예 我想喝凉的茶。 Wǒ xiǎng hē liáng de chá.
我想去中国。 Wǒ xiǎng qù Zhōngguó.

② '要'는 '~할 것이다', '~하려고 하다'라는 주관적인 의지를 나타냅니다. 부정형은 '不要'가 아닌 '不想'입니다. '不要'는 '~하지 마라'라는 금지를 나타냅니다.

예 我要看电影。 Wǒ yào kàn diànyǐng.
我要吃炒饭。 Wǒ yào chī chǎofàn.

2 양사 '些'

'些'는 일정하지 않은 수량을 나타내는 양사로, 일반적으로 '哪(어떤)', '这(이)', '那(저)' 등과 함께 씁니다. 숫자 '一'를 붙여 '一些'라고 쓰면, '약간'이라는 의미가 됩니다. 하지만 다른 숫자와는 함께 쓸 수 없습니다.

예 中国有哪些名茶? Zhōngguó yǒu nǎxiē míngchá?
这些是汉语书。 Zhè xiē shì Hànyǔ shū.
我有(一)些书。 Wǒ yǒu (yì)xiē shū.

要 yào 조동 ~할 것이다, ~하려고 하다 | 炒饭 chǎofàn 명 볶음밥

3 시태조사 '过'

'지내다', '보내다'라는 뜻을 가진 동사 '过'는 '~한 적이 있다'라는 뜻의 조사로 쓰기도 합니다. 이때는 동사 뒤에 놓여 과거에 이미 발생한 경험을 나타냅니다. 부정형은 동사 앞에 '没'나 '没有'를 씁니다.

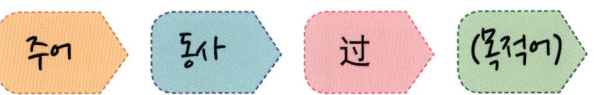

> 예 我吃过法国菜。Wǒ chīguo Fǎguó cài.
> 我没(有)去过中国。Wǒ méi(yǒu) qùguo Zhōngguó.

4 부사 '还'

'还'는 '여전히', '아직도', '또', '더' 등의 여러 가지 뜻을 지닌 부사입니다. 본문에서는 지금까지 말한 내용에 대한 보충이나 확대를 나타내는 '또', '더'의 뜻으로 쓰였습니다.

> 예 还有龙井茶、普洱茶等等。Hái yǒu lóngjǐngchá、pǔ'ěrchá děngděng.
> 我还要去上海。Wǒ hái yào qù Shànghǎi.
> 你还想买什么东西? Nǐ hái xiǎng mǎi shénme dōngxi?

法国 Fǎguó 명 프랑스 | 上海 Shànghǎi 지명 상하이 | 东西 dōngxi 명 것, 물건

종합 연습

1 다음 표현과 관련있는 사진을 고르세요.

1) 请问。(　　)　　　2) 请喝茶。(　　)　　　3) 请坐。(　　)

A.　　　　　　　　　　B.　　　　　　　　　　C.

2 다음을 어순에 맞게 바르게 배열해 보세요.

1) 很热　　天气　　今天

　➡ ＿＿＿＿＿＿＿＿＿＿＿＿＿＿＿＿＿＿＿＿＿。

2) 茶　　吗　　凉的　　有

　➡ ＿＿＿＿＿＿＿＿＿＿＿＿＿＿＿＿＿＿＿＿＿？

3) 茶　　想　　凉的　　我　　喝

　➡ ＿＿＿＿＿＿＿＿＿＿＿＿＿＿＿＿＿＿＿＿＿。

4) 普洱茶　　喝　　喜欢　　我妈妈

　➡ ＿＿＿＿＿＿＿＿＿＿＿＿＿＿＿＿＿＿＿＿＿。

3 다음 문장을 지시대로 바꾸어 써 보세요.

1) 普洱茶有咖啡因。

   부정문 ➡

2) 他喝过茉莉花茶。

   의문문 ➡

3) 中国人不喝凉的茶。

   긍정문 ➡

4 다음 사진을 보고 질문에 대답하세요.

1) A: 你想喝凉的茶吗?

   B: _____

2) A: 你喝过什么茶?

   B: _____

3) A: 你妈妈喜欢喝什么茶?

   B: _____

 간체자 쓰기

획순	坐 坐 坐 坐 坐 坐 坐					
坐	坐	坐				
zuò	zuò	zuò				
앉다						

획순	喝 喝 喝 喝 喝 喝 喝 喝 喝 喝 喝 喝					
喝	喝	喝				
hē	hē	hē				
마시다						

획순	请 请 请 请 请 请 请 请 请 请	问 问 问 问 问 问			
请问	请	问			
qǐngwèn	qǐngwèn				
말씀 좀 묻겠습니다					

획순	天 天 天 天	气 气 气 气			
天气	天	气			
tiānqì	tiānqì				
날씨					

획순	想 十 想 相 相 相 相 想 想 想 想				
想	想	想			
xiǎng	xiǎng	xiǎng			
~하고 싶다					

획순	热 热 热 执 执 执 热 热 热	水 水 水 水			
热水	热	水			
rèshuǐ	rèshuǐ				
따뜻한 물					

획순	名 夕 夕 夕 名 名	茶 茶 茶 茶 茶 茶 茶 茶 茶			
名茶	名	茶			
míngchá	míngchá				
명차, 유명한 차					

획순	种 种 千 种 种 和 和 种	类 类 类 类 类 类 类 类			
种类	种	类			
zhǒnglèi	zhǒnglèi				
종류					

중국의 음식

회화 1 전갈 요리
회화 2 식사 습관

중국은 왜 다양한 음식이 발달했을까요?

땅이 넓은 중국은 다양한 지형과 기후로 음식 재료가 풍부하며, 56개 민족이 함께 사는 다민족 국가라는 특성 때문에 독특한 음식이 다양하게 발달할 수 있었습니다.

중국에는 '날아다니는 것 중에서 비행기, 네 발 달린 것 중에서 책상, 헤엄치는 것 중에서 잠수함을 제외하고 다 먹는다'라는 말이 있습니다. 그리고 '백성이 먹는 것을 하늘처럼 여긴다(民以食为天 mín yǐ shí wéi tiān)'라는 말에서도 중국인들은 먹는 것을 얼마나 중시하는지를 알 수 있습니다. 뿐만 아니라 중국인들은 음식을 보양과 보약의 의미로 여겨 '음식과 약은 그 근원이 같다(医食同源 yī shí tóngyuán)'라고 생각합니다. 건강과 장수를 중시하는 중국인들의 생각이 음식에도 영향을 끼쳐 진귀하고 독특한 보양 음식이 발달할 수 있었습니다.

중국 음식은 어떻게 구분할까요?

중국 음식은 크게 4대 요리로 구분합니다. 산동 지역을 중심으로 북경 요리를 포함하는 '鲁菜 Lǔcài', 사천 지역의 '川菜 Chuāncài', 남경과 양주를 중심으로 상해 요리를 포함하는 '苏菜 Sūcài', 광동 지역을 중심으로 하는 '粤菜 Yuècài' 입니다.

북경 요리는 추운 기후로 인해 튀김과 볶음 같은 고열량 음식이 많은 것이 특징이며 대체적으로 짠맛이 강합니다. 대표적인 요리는 '北京烤鸭 Běijīng kǎoyā' 입니다.

상해 요리는 양자강 유역에서 나는 풍부한 해산물과 쌀, 그리고 지역 특산품인 간장을 사용하여 맛이 비교적 달콤하고 진합니다. 대표적인 요리는 '东坡肉 dōngpōròu', '大闸蟹 dàzháxiè' 입니다.

사천 요리는 향신료와 매운 고추를 많이 사용하기 때문에 얼얼하게 매운 맛과 강한 향이 특징입니다. 대표적인 요리는 '麻婆豆腐 mápódòufu', '火锅 huǒguō' 입니다.

광동 요리는 요리 재료로 무엇이든 사용하는 것으로 유명합니다. 외국과의 교류가 많아 서양의 재료와 조미료를 사용한 이국적인 요리가 많습니다. 대표적인 요리는 '点心 diǎnxin', '糖醋肉 tángcùròu' 입니다.

주제 토론

중국의
4대 요리는
무엇일까요?

중국
4대 요리의
특징은
각각 무엇일까요?

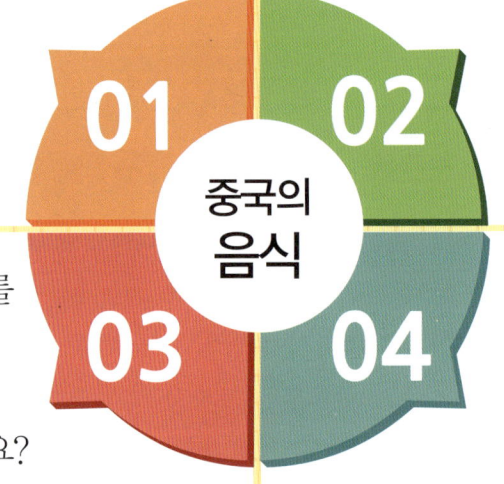

중국 4대 요리를
대표하는
음식은
각각 무엇일까요?

자신이
먹어 본
중국 음식을
소개해 봅시다.

새 단어

MP3 8-1

▶▶ 회화 1

- 真是 zhēnshi 튄 정말, 실로
- 大饱眼福 dàbǎo-yǎnfú 실컷 보고 즐기다, 실컷 눈요기를 하다
- 尝 cháng 동 맛보다, 시험 삼아 먹어 보다
- 不是…吗? bú shì… ma? ~이 아닌가요? (반문의 어기)
- 蝎 xiē 명 전갈
- 独特 dútè 형 독특하다, 특이하다
- 真 zhēn 튄 확실히, 참으로, 진실로
- 吓 xià 동 무서워하다, 놀라다
- 看起来 kàn qǐlai 보기에, 보자 하니
- 吃起来 chī qǐlai 먹기에, 먹자니
- 香 xiāng 형 향기롭다, 맛있다

▶▶ 회화 2

- 饮食 yǐnshí 명 음식 동 음식을 먹고 마시다
- 习惯 xíguàn 명 습관 동 습관이 되다, 익숙해지다
- 差别 chābié 명 차별, 차이
- 比较 bǐjiào 튄 비교적 동 비교하다
- 清淡 qīngdàn 형 (음식이) 담백하다 (색깔이나 냄새가) 연하다
- 油腻 yóunì 형 기름지다, 느끼하다
- 爱 ài 동 사랑하다, 좋아하다, 애호하다
- 青菜 qīngcài 명 채소
- 炒菜 chǎocài 명 볶음 요리 동 음식을 볶다, 음식을 요리하다

8과 중국의 음식 **103**

회화 1   전갈 요리

MP3 8-2

김민호와 왕리가 전갈 요리에 대해 이야기합니다.

金民浩   哇！真是大饱眼福啊！
Wā! Zhēnshi dàbǎo-yǎnfú a!

王 丽   你尝尝这个。
Nǐ chángchang zhège.

金民浩   这是什么？这不是蝎吗？
Zhè shì shénme? Zhè bú shì xiē ma?

王 丽   是，有些人喜欢吃独特的。
Shì, yǒu xiē rén xǐhuan chī dútè de.

金民浩   真吓人。
Zhēn xià rén.

王 丽   看起来吓人，吃起来很香。
Kàn qǐlai xià rén, chī qǐlai hěn xiāng.

104

회화 2 — 식사 습관

김민호와 왕리가 한중 양국의 식사 습관에 대해 이야기합니다.

金民浩 韩中两国的饮食习惯有很大的差别。
Hán-Zhōng liǎng guó de yǐnshí xíguàn yǒu hěn dà de chābié.

王 丽 是啊。
Shì a.

金民浩 韩国人吃的菜比较清淡。
Hánguórén chī de cài bǐjiào qīngdàn.

王 丽 中国人吃的菜比较油腻。
Zhōngguórén chī de cài bǐjiào yóunì.

金民浩 韩国人爱吃青菜。
Hánguórén ài chī qīngcài.

王 丽 中国人喜欢吃炒菜。
Zhōngguórén xǐhuan chī chǎocài.

문장 말하기

MP3 8-4

녹음을 듣고 따라 읽으세요.

1
差别　chābié
很大的差别　hěn dà de chābié
有很大的差别　yǒu hěn dà de chābié
饮食习惯有很大的差别。　Yǐnshí xíguàn yǒu hěn dà de chābié.

2
清淡　qīngdàn
比较清淡　bǐjiào qīngdàn
菜比较清淡　cài bǐjiào qīngdàn
韩国人吃的菜比较清淡。　Hánguórén chī de cài bǐjiào qīngdàn.

3　你 尝尝 这个。
　　　看看
　　　试试
　　　听听

단어
试 shì 통 시험 삼아 해 보다
听 tīng 통 듣다

4　这不是 蝎 吗?
　　　　 蛇
　　　　 鱼
　　　　 虾

蛇 shé 명 뱀
鱼 yú 명 생선, 물고기
虾 xiā 명 새우

문장 쓰기

MP3 8-5

녹음을 듣고 따라 읽으면서 알맞은 한어병음이나 한자를 써 보세요.

1 真是大饱眼福啊!

2 这是什么?

3 Kàn qǐlai xià rén, chī qǐlai hěn xiāng.

4 Zhōngguórén chī de cài bǐjiào yóunì.

1 동사 중첩 '尝尝'

일부 동사는 중첩하면 동작이 행해지는 시간이 짧거나 무엇을 시도해 봄을 나타낼 수 있습니다. 또한 동사를 중첩하면 어기가 훨씬 부드러워져 '좀 ~해 보다', '한번 ~해 보다'라는 뜻이 됩니다. 단음절 동사는 'AA' 혹은 'A—A'의 형식으로 중첩하는데, 이때 '—'는 경성으로 발음합니다.

[단음절 동사 중첩 방법]　　AA　　혹은　　A—A

예) 你尝尝这个。Nǐ chángchang zhège.
　　你看看那个。Nǐ kànkan nàge.
　　请你等一等。Qǐng nǐ děng yi děng.

2 반어문 '不是…吗?'

'不是…吗?'는 부정문이 아닌 반어문으로, '~이 아닌가요?'라는 뜻입니다. 반어문은 강한 긍정을 나타내거나 문장 전체의 뜻을 강조하기 위해 씁니다.

예) 这不是蝎吗? Zhè bú shì xiē ma?
　　你不是去过中国吗? Nǐ bú shì qùguo Zhōngguó ma?
　　这不是你的衣服吗? Zhè bú shì nǐ de yīfu ma?

 단어

这个 zhège 대 이것, 이 | **那个** nàge 대 저것, 그것 | **等** děng 동 기다리다 | **衣服** yīfu 명 옷, 의복

3 복합방향보어 '起来'

① 단순방향보어란 동사 뒤에서 동작의 방향을 보충 설명하는 '来'나 '去' 같은 보어를 말합니다. 뜻의 중심은 동사에 있으며, 그 동사의 동작이 말하는 사람 또는 서술하는 대상 쪽으로 올 때에는 '来'를 쓰고, 동작이 상대방을 향해 이루어지거나 말하는 사람으로부터 멀어져 갈 때는 '去'를 씁니다.

> 동사 上/下/进/出/回/过/带/跑 + 단순방향보어 来/去

예) 你上去吧。Nǐ shàngqu ba.
你带来吧。Nǐ dàilai ba.
他明天回来。Tā míngtiān huílai.

② 복합방향보어는 '上', '下', '进', '出', '回', '过' 등의 동사가 '来'나 '去'와 결합한 것입니다. 복합방향보어도 동사 뒤에서 방향을 보충 설명합니다.

> 동사 带/跑 + 복합방향보어 上/下/进/出/回/过 + 来/去

예) 他跑上来。Tā pǎo shànglai.
你带回去吧。Nǐ dài huíqu ba.
我们走下去吧。Wǒmen zǒu xiàqu ba.

③ '起来'는 다양한 뜻을 가진 복합방향보어로, 본문에서는 '~해 보면', '~해 보자니'라는 뜻으로, 무엇인가 추측하거나 평가하는 의미를 나타냅니다.

예) 看起来吓人，吃起来很香。Kàn qǐlai xià rén, chī qǐlai hěn xiāng.
这个菜看起来很好吃。Zhège cài kàn qǐlai hěn hǎochī.
说起来容易，做起来难。Shuō qǐlai róngyì, zuò qǐlai nán.

 단어

带 dài 동 지니다, 휴대하다 | 跑 pǎo 동 달리다, 뛰다 | 好吃 hǎochī 형 맛있다 | 容易 róngyì 형 쉽다 |
难 nán 형 어렵다

1 다음 나라와 관련 있는 단어를 연결해 보세요.

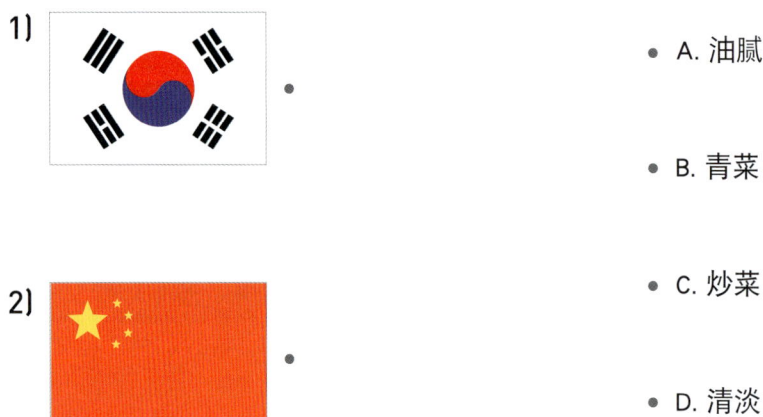

2 다음을 어순에 맞게 바르게 배열해 보세요.

1) 这个   尝尝   你
   ➡ _____ 。

2) 独特的   喜欢   有些人
   ➡ _____ 。

3) 爱   青菜   韩国人   吃
   ➡ _____ 。

4) 比较   吃的   中国人   油腻   菜
   ➡ _____ 。

3 빈칸에 들어갈 단어를 보기에서 골라 써보세요.

| 起来 　 真 　 不是 　 大 |

1) ☐ 吓人。

2) 这 ☐ 蝎吗?

3) 真是 ☐ 饱眼福啊!

4) 看 ☐ 吓人, 吃 ☐ 很香。

4 다음 사진을 보고 질문에 대답해 보세요.

1) A: 韩国人爱吃什么?

　　B: _____

2) A: 中国人喜欢吃什么?

　　B: _____

3) A: 你喜欢吃什么菜?

　　B: _____

간체자 쓰기

획순	尝尝尝尝尝尝尝尝尝				
尝	尝	尝			
cháng	cháng	cháng			
맛보다					

획순	独独独独独独独独			特特特特特特特特特		
独特	独	特				
dútè	dútè					
독특하다						

획순	真真真真真真真真真				
真	真	真			
zhēn	zhēn	zhēn			
확실히, 참으로					

획순	饮饮饮饮饮饮饮			食食食食食食食食食		
饮食	饮	食				
yǐnshí	yǐnshí					
음식						

획순	刁 习 习	惯 惯 惯 惯 惯 惯 惯 惯 惯 惯
习惯	习	惯
xíguàn	xíguàn	
습관		

획순	差 差 差 差 差 差 差 差 差	别 别 别 别 别 别 别
差别	差	别
chābié	chābié	
차별, 차이		

획순	比 比 比 比	较 较 较 较 较 较 较 较 较
比较	比	较
bǐjiào	bǐjiào	
비교적		

획순	青 青 青 青 青 青 青 青	菜 菜 菜 菜 菜 菜 菜 菜 菜
青菜	青	菜
qīngcài	qīngcài	
채소		

8과 중국의 음식

9과

태극권과 광장무

회화 1 **태극권**
회화 2 **광장무**

중국인이 즐겨 하는 수련 운동은 무엇일까요?

태극권은 동양의 철학이 녹아 있는 운동으로, 중국인들이 건강과 장수를 위해 즐겨 합니다. 태극권의 창시자는 명(明 Míng) 말, 청(清 Qīng) 초 '진왕정(陈王庭 Chén Wángtíng)'이라고 전해집니다. 태극권의 기본 개념은 '부드러움으로 강함을 제압한다'라는 '노자(老子 Lǎozǐ)'의 '이유제강(以柔制刚 yǐ róu zhì gāng)'으로, 수련할 때 몸에 힘을 빼는 것을 강조하는 것은 이러한 철학을 담고 있기 때문입니다. 또 '태극'은 만물을 생성하는 근원을 의미하며, 사람의 태극은 복부라고 여겨 태극권의 동작은 복부에서 시작하여 전신으로 이어집니다.

태극권은 격렬한 동작은 없으나 동작과 함께 호흡을 조절하는 유산소 운동으로, 많은 중국인들이 남녀노소 제한 없이 즐기는 신체 단련 운동입니다.

중국인이 하는 여가 활동은 무엇일까요?

중국의 공원이나 광장, 아파트 단지에서 흥겨운 음악 소리에 맞춰 춤추는 아주머니들을 본 적이 있나요? 주로 넓은 광장에서 추는 춤이라 하여 이를 '광장무(广场舞 guǎngchǎngwǔ)'라고 합니다. 광장무는 중국의 사회주의 시절 집단 체조 문화에서 시작된 것으로 알려져 있습니다. 1980년대 개혁 개방 이후 생활이 점차 윤택해지면서 중국인들의 건강에 대한 관심이 높아졌습니다. 그래서 '大妈 dàmā'로 불리는 중년 부인들은 광장에 모여 운동을 하며 건강을 돌보았습니다.

광장무가 중국인들에게 사랑 받을 수 있는 것은 건강 관리를 위한 이유 외에도 비용을 들이지 않고 누구나 쉽게 따라 할 수 있으며 여러 사람과 쉽게 사귈 수 있기 때문입니다. 이러한 이유로 광장무는 오늘날 중국인들이 자발적으로 참여하여 부담없이 즐기는 여가 활동으로 자리매김하였습니다.

 주제 토론

태극권 이외에
중국인의 수련 운동에는
무엇이 있을까요?

중국의 태극권과
한국의 태권도는
어떤 차이가 있을까요?

01 02 태극권과 광장무 03 04

자신이
알고 있는
중국의
액션 배우는
누구인가요?

광장무 외에
중국인의
대표적인
여가 활동에는
무엇이 있을까요?

새 단어

MP3 9-1

▶▶ 회화 1

- 公园 gōngyuán 명 공원
- 空气 kōngqì 명 공기
- 好 hǎo 부 매우, 정말, 대단히
- 舒服 shūfu 형 (몸이나 마음이) 편안하다, 쾌적하다, 가뿐하다
- (正)在 (zhèng)zài 부 지금 ~하고 있다, ~하고 있는 중이다
- 锻炼 duànliàn 동 (몸을) 단련하다
- 呢 ne 조 (동작이나 상황의 지속을 나타내는 조사)
- 明白 míngbai 동 알다, 이해하다
  형 분명하다, 명확하다
- 太极拳 tàijíquán 명 태극권
- 没错 méicuò 형 틀림없다, 분명하다, 옳다, 맞다 (긍정을 나타냄)
- 种 zhǒng 양 종류
- 健身 jiànshēn 동 신체를 건강하게 하다, 튼튼하게 하다

▶▶ 회화 2

- 跳舞 tiàowǔ 동 춤을 추다
- 在 zài 개 ~에서
- 外边 wàibian 명 밖, 바깥
- 宽敞 kuānchang 형 넓다, 드넓다
- 广场舞 guǎngchǎngwǔ 명 광장무
- 会 huì 조동 ~할 가능성이 있다, ~할 것이다 (실현 가능성이 있음을 나타냄)
- 都市 dūshì 명 도시
- 舞 wǔ 명 춤
- 有意思 yǒu yìsi 형 재미있다, 흥미 있다, 의미 있다

 **회화 1** 태극권

김민호와 왕리가 공원에서 태극권에 대해 이야기합니다.

金民浩 公园里的空气真好啊!
Gōngyuán li de kōngqì zhēn hǎo a!

王丽 是啊! 好舒服!
Shì a! Hǎo shūfu!

金民浩 他们在做什么?
Tāmen zài zuò shénme?

王丽 他们正在锻炼身体呢。
Tāmen zhèngzài duànliàn shēntǐ ne.

金民浩 我明白了。那是太极拳吧?
Wǒ míngbai le. Nà shì tàijíquán ba?

王丽 没错。太极拳是一种健身武术。
Méicuò. Tàijíquán shì yì zhǒng jiànshēn wǔshù.

회화 2 광장무

왕리와 김민호가 광장무에 대해 이야기합니다.

王丽　　你看！他们在跳舞呢。
　　　　Nǐ kàn!　Tāmen zài tiàowǔ ne.

金民浩　为什么在外边跳舞？
　　　　Wèishénme zài wàibian tiàowǔ?

王丽　　因为外边宽敞。那叫广场舞。
　　　　Yīnwèi wàibian kuānchang. Nà jiào guǎngchǎngwǔ.

金民浩　韩国人不会在外边跳舞。
　　　　Hánguórén bú huì zài wàibian tiàowǔ.

王丽　　是吗？广场舞是中国都市人的健身舞。
　　　　Shì ma?　Guǎngchǎngwǔ shì Zhōngguó dūshì rén de jiànshēn wǔ.

金民浩　真有意思。
　　　　Zhēn yǒu yìsi.

 **문장 말하기**

녹음을 듣고 따라 읽으세요.

1
武术　wǔshù
健身武术　jiànshēn wǔshù
一种健身武术　yì zhǒng jiànshēn wǔshù
太极拳是一种健身武术。　Tàijíquán shì yì zhǒng jiànshēn wǔshù.

2
健身舞　jiànshēn wǔ
都市人的健身舞　dūshì rén de jiànshēn wǔ
中国都市人的健身舞　Zhōngguó dūshì rén de jiànshēn wǔ
广场舞是中国都市人的健身舞。　Guǎngchǎngwǔ shì Zhōngguó dūshì rén de jiànshēn wǔ.

3　他们在 做 什么?
　　　　　　看
　　　　　　听
　　　　　　吃

4　因为外边 宽敞 。
　　　　　　舒服
　　　　　　方便
　　　　　　清爽

단어
方便 fāngbiàn 형 편리하다
清爽 qīngshuǎng 형 상쾌하다

문장 쓰기

녹음을 듣고 따라 읽으면서 알맞은 한어병음이나 한자를 써 보세요.

1 好舒服!

2 我明白了。

3 Nà jiào guǎngchǎngwǔ.

4 Zhēn yǒu yìsi.

핵심 문법

1 '好'의 용법

① '好'가 문장에서 술어로 쓰이면, 형용사로 '좋다', '아름답다', '훌륭하다'라는 뜻을 나타냅니다.

예 公园里的空气真好啊! Gōngyuán li de kōngqì zhēn hǎo a!
　　今天天气很好。 Jīntiān tiānqì hěn hǎo.

② '好'를 형용사 앞에 쓰면 부사로 '매우', '정말', '대단히'라는 뜻으로 쓰여 정도가 심함을 나타내는데, 주로 감탄의 의미가 포함됩니다.

예 好舒服! Hǎo shūfu!
　　天安门广场好大呀! Tiān'ānmén guǎngchǎng hǎo dà ya!

③ '好'가 일부 동사와 결합하면, '(맛, 모양, 소리 등이 만족할 만큼) 좋다'라는 뜻이 됩니다.

예 中国菜真好吃。 Zhōngguó cài zhēn hǎochī.
　　这件衣服很好看。 Zhè jiàn yīfu hěn hǎokàn.

2 개사 '在'

'在'가 장소나 범위를 나타내는 명사 앞에 쓰이면 '~에서'라는 뜻이 되며, 개사(전치사)구를 이룹니다.

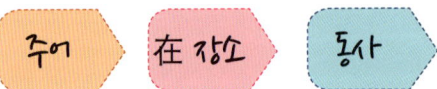

예 他们为什么在外边跳舞? Tāmen wèishénme zài wàibian tiàowǔ?
　　他在公园锻炼身体。 Tā zài gōngyuán duànliàn shēntǐ.

3 진행형 '(正)在…呢'

부사 '(正)在'는 동사 앞에서 '(지금) ~하고 있다', '~하고 있는 중이다'라는 동작의 진행을 나타냅니다. 문장 끝의 '呢'는 생략 가능합니다.

부정형은 '在' 앞에 '没(有)'를 쓰는데, 이때 동사 앞의 '在'는 생략할 수 있습니다. 이처럼 '正', '在', '呢' 중 한 글자만 있어도 진행의 의미를 나타냅니다.

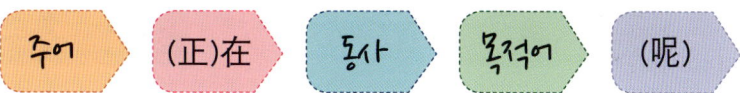

예) 他们正在锻炼身体呢。Tāmen zhèngzài duànliàn shēntǐ ne.
　　他在吃饭呢。Tā zài chī fàn ne.

4 조동사 '会'

조동사 '会'는 동사 앞에서 위치하여 '~할 수 있다', '~할 것이다'라는 뜻을 나타냅니다. 부정은 동사 앞이 아닌 조동사 '会' 앞에 '不'를 씁니다.

① 조동사 '会'는 학습이나 훈련을 통해 '~할 수 있다', '~할 줄 안다'는 뜻을 나타냅니다.

예) 我会说汉语。Wǒ huì shuō Hànyǔ.
　　我不会开车。Wǒ bú huì kāichē.

② 조동사 '会'는 추측이나 가능성을 나타내는 '~할 것이다'를 뜻합니다.

예) 韩国人不会在外边跳舞。Hánguórén bú huì zài wàibian tiàowǔ.
　　老年人会越来越多。Lǎoniánrén huì yuèláiyuè duō.

开车 kāichē 통 차를 운전하다 | **越来越** yuèláiyuè 부 더욱더, 갈수록

종합 연습

1 다음 단어와 관련 있는 사진을 고르세요.

1) 太极拳 (   )　　2) 公园 (   )　　3) 跳舞 (   )　　4) 广场舞 (   )

2 다음을 어순에 맞게 바르게 배열해 보세요.

1) 宽敞　　因为　　外边

　➡ _____。

2) 什么　　他们　　做　　在

　➡ _____？

3) 空气　　公园里　　好　　的　　真

　➡ _____。

4) 他们　　身体　　锻炼　　正在　　呢

　➡ _____。

3 다음 문장을 지시대로 바꾸어 써 보세요.

1) 太极拳有意思。

   의문문 ➡

2) 公园里的空气真好啊!

   부정문 ➡

3) 韩国人不会在外边跳舞。

   긍정문 ➡

4 사진을 보고 본문 내용에 근거하여 대화를 완성해 보세요.

1) A: 那是太极拳吧?

   B: _____

2) A: 那叫什么舞?

   B: _____

3) A: 公园里的空气怎么样?

   B: _____

 간체자 쓰기

획순	公 八 公 公	园 冂 冂 冃 冃 园 园
公园 gōngyuán 공원	公 园 gōngyuán	

획순	舒 舒 舒 舒 舒 舒 舒 舒 舒 舒 舒 舒	服 服 服 服 服 服 服 服
舒服 shūfu 편안하다	舒 服 shūfu	

획순	锻 锻 钅 钅 钅 钅 钅 钅 钅 锻 锻 锻	炼 炼 火 火 炉 炉 炼 炼 炼
锻炼 duànliàn 단련하다	锻 炼 duànliàn	

획순	身 身 身 身 身 身 身	体 体 亻 什 休 休 体
身体 shēntǐ 몸, 신체, 건강	身 体 shēntǐ	

획순	明明明明明明明明　白白白白白
明白 míngbai 이해하다	明　白 míngbai

획순	跳跳跳跳跳跳跳跳跳跳跳　舞舞舞舞舞舞舞舞舞舞舞舞舞舞
跳舞 tiàowǔ 춤을 추다	跳　舞 tiàowǔ

획순	宽宽宽宽宽宽宽宽宽宽　敞敞敞敞敞敞敞敞敞敞敞
宽敞 kuānchang 넓다, 드넓다	宽　敞 kuānchang

획순	都都都都都都都都都都　市市市市市
都市 dūshì 도시	都　市 dūshì

10과

교복과 소황제

회화 1 교복
회화 2 가족 정책

중국 학생들은 운동복이 교복인가요?

중국의 대다수 학생들은 운동복을 교복으로 입고 학교에 다닙니다.

그럼 중국은 언제부터, 왜 운동복이 교복이 되었을까요? 중국 교복의 역사를 살펴보면, 1910~1920년대는 일본의 영향으로 제복식 교복을 입었고, 1930~1940년대는 전통 복장인 치파오의 유행으로 치파오 교복이 등장했습니다. 1950년대 '신(新) 중국' 건설 직후에는 자유 복장이었고, 1960~1970년대에는 사회주의 영향을 받아 인민군 복장의 교복을 입었습니다. 1978년 개혁·개방 이후 학교마다 다른 디자인의 현대식 교복을 입었다가 1990~2010년대에 운동복을 교복으로 입게 되었습니다.

운동복이 교복이 된 이유는 활동의 편리성과 저렴한 가격으로 학부모들의 부담을 덜어줄 수 있는 경제성 및 체육 시간에 갈아입을 필요가 없는 실용성을 들 수 있습니다. 이렇게 실리적인 면을 중요하게 생각하는 중국인들이지만 최근에는 한국 드라마의 영향을 받아 예쁘고 보기 좋은 교복을 채택하는 학교의 수가 늘어나는 추세라고 합니다.

왜 중국 어린이를 '소황제(小皇帝)'라고 부를까요?

중국 정부는 1979년부터 인구 팽창을 억제하기 위해 한 가구당 한 자녀만 낳는 정책을 시행했습니다. 그래서 '4·2·1 (조부모 4명, 부모 2명, 아이 1명) 가정'에서 독자로 태어나 마치 황제처럼 온가족의 시중을 받으며 자란 아이를 '소황제(小皇帝)'라고 합니다.

그러나 노동 가능 인구의 감소와 급격한 고령화로 인해 중국 정부는 35년간 시행해 오던 '한 자녀 정책'을 2016년부터 폐지하고 둘째 아이를 낳을 수 있도록 허용했습니다. '두 자녀 정책'에 따라 매년 400만 명의 신생아가 태어날 것으로 예측되며, 앞으로 아동 산업 및 유아용품 시장, 즉 분유, 기저귀, 장난감, 아동복, 유아 교육 등의 관련 산업이 블루오션이 될 것으로 전망하고 있습니다. 이 밖에도 '두 자녀 정책'이 가져올 새로운 변화로는 대도시의 중대형 아파트 값의 상승, 온 가족이 탈 수 있는 다목적 차량의 수요 증가, 베이비시터 산업의 급성장 등이 있습니다.

주제 토론

중국에서는
아이들을 왜
'소황제'라고 부를까요?

중국의 학제는
어떻게
구성되어 있나요?

교복과
소황제

중국의
의무 교육은
몇 년일까요?

중국은
대학 입학 시험을
몇 월에 볼까요?

 새 단어

▶▶▶ 회화 1

- 穿 chuān 동 입다
- 运动服 yùndòngfú 명 운동복
- 上学 shàngxué 동 등교하다
- 运动会 yùndònghuì 명 운동회
- 校服 xiàofú 명 교복
- 太…了 tài … le 너무 ~하다, 매우 ~하다
- 奇怪 qíguài 형 기이하다, 이상하다, 이해하기 어렵다
- 上 shàng 동 (어떤 일을)하다
- 体育课 tǐyùkè 명 체육 수업
- 时候 shíhou 명 때, 시각, 무렵
- 和 hé 개 ~와/과
- 一样 yíyàng 형 같다, 동일하다

▶▶▶ 회화 2

- 现在 xiànzài 명 지금, 현재
- 独生子 dúshēngzǐ 명 외동(아이)
- 年 nián 명 년
- 开始 kāishǐ 동 시작하다
- 生 shēng 동 낳다, 태어나다
- 第二胎 dì-èr tāi 두 번째 임신, 둘째
- 儿童 értóng 명 아동, 어린이
- 产业 chǎnyè 명 산업
- 一定 yídìng 부 꼭, 반드시, 필히
- 意思 yìsi 명 의미, 뜻
- 前途 qiántú 명 앞길, 전망
- 月子中心 yuèzi zhōngxīn 명 산후 조리원
- 奶粉 nǎifěn 명 분유
- 玩具 wánjù 명 장난감
- 办 bàn 동 운영하다, 경영하다, 처리하다
- 家 jiā 양 (호텔, 상점, 병원, 유치원 등을 세는 양사)
- 幼儿园 yòu'éryuán 명 유치원

회화 1 교복

김민호와 왕리가 등교하는 학생들을 보며 이야기합니다.

金民浩 他们怎么穿运动服上学？今天是不是运动会？
Tāmen zěnme chuān yùndòngfú shàngxué? Jīntiān shì bu shì yùndònghuì?

王丽 那不是运动服，是校服。
Nà bú shì yùndòngfú, shì xiàofú.

金民浩 什么？运动服是校服，太奇怪了！
Shénme? Yùndòngfú shì xiàofú, tài qíguài le!

王丽 因为运动服方便。
Yīnwèi yùndòngfú fāngbiàn.

金民浩 在韩国，运动服是上体育课的时候穿的。
Zài Hánguó, yùndòngfú shì shàng tǐyùkè de shíhou chuān de.

王丽 原来和我们中国不一样。
Yuánlái hé wǒmen Zhōngguó bù yíyàng.

회화 2 — 가족 정책

김민호와 왕리가 중국의 가족 정책에 대해 이야기합니다.

金民浩 现在中国都是独生子吧?
Xiànzài Zhōngguó dōu shì dúshēngzǐ ba?

王丽 不是。2016年开始，可以生第二胎了。
Bú shì. Èr líng yī liù nián kāishǐ, kěyǐ shēng dì-èr tāi le.

金民浩 那么，儿童产业一定有前途。
Nàme, értóng chǎnyè yídìng yǒu qiántú.

王丽 儿童产业? 什么意思?
Értóng chǎnyè? Shénme yìsi?

金民浩 月子中心、奶粉、玩具等等。
Yuèzi zhōngxīn、nǎifěn、wánjù děngděng.

王丽 那太好了! 我们也办一家幼儿园吧。
Nà tài hǎo le! Wǒmen yě bàn yì jiā yòu'éryuán ba.

문장 말하기

MP3 10-4

녹음을 듣고 따라 읽으세요.

1
上学　　　　　　shàngxué
穿运动服上学　　chuān yùndòngfú shàngxué
怎么穿运动服上学　zěnme chuān yùndòngfú shàngxué
他们怎么穿运动服上学?　Tāmen zěnme chuān yùndòngfú shàngxué?

2
前途　　　　　　qiántú
有前途　　　　　yǒu qiántú
一定有前途　　　yídìng yǒu qiántú
儿童产业一定有前途。　Értóng chǎnyè yídìng yǒu qiántú.

3 原来和我们中国 <u>不一样</u>。
　　　<u>差不多</u>
　　　<u>差得远</u>
　　　<u>很相似</u>

단어
差得远 chà de yuǎn
차이가 크다, 차이가 많다

相似 xiāngsì 형 비슷하다

4 那太 <u>好</u> 了!
　　<u>棒</u>
　　<u>美</u>
　　<u>贵</u>

棒 bàng 형 (성적이) 좋다, (수준이) 높다, (체력이나 능력이) 강하다

美 měi 형 아름답다, 예쁘다, 곱다

贵 guì 형 (가격이나 가치가) 높다, 비싸다, 귀하다

문장 쓰기

녹음을 듣고 따라 읽으면서 알맞은 한어병음이나 한자를 써 보세요.

1 太奇怪了!

2 因为运动服方便。

3 Shénme yìsi?

4 Wǒmen yě bàn yì jiā yòu'éryuán ba.

1 정반의문문 '是不是'

동사나 형용사를 '긍정형 + 부정형'으로 나열하여 정반의문문을 만들 수 있습니다.

주어 + 술어(긍정+부정)?

예 今天是不是运动会? Jīntiān shì bu shì yùndònghuì?
你有没有中国朋友? Nǐ yǒu méiyǒu Zhōngguó péngyou?
你忙不忙? Nǐ máng bu máng?

2음절 동사나 형용사를 정반의문문으로 만들 경우 긍정형의 두 번째 음절은 생략이 가능합니다.

예 你喜(欢)不喜欢吃中国菜? Nǐ xǐ(huan) bù xǐhuan chī Zhōngguó cài?
你认(识)不认识王老师? Nǐ rèn(shi) bú rènshi Wáng lǎoshī?

2 '太…了'

'太 + 형용사/동사 + 了'는 '매우 ~하다'라는 뜻으로, 정도가 심하거나 놀람, 감탄을 나타냅니다.

太 + 형용사/동사 + 了

예 运动服是校服，太奇怪了! Yùndòngfú shì xiàofú, tài qíguài le!
最近太累了! Zuìjìn tài lèi le!
这部电影太有意思了! Zhè bù diànyǐng tài yǒu yìsi le!

단어

朋友 péngyou 명 친구 | 认识 rènshi 동 알다 | 最近 zuìjìn 명 최근, 요즘 | 累 lèi 형 피곤하다 | 部 bù 양 부, 편 (서적이나 영화 등을 세는 양사)

3 조동사 '可以'

조동사 '可以'는 동사 앞에 써서 '~해도 된다', '~할 수 있다'라는 허락과 가능의 의미를 나타냅니다.

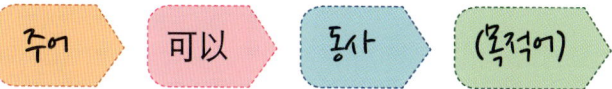

① [허락] 조동사 '可以'는 객관적인 허락이나 어떤 상황을 허가할 수 있음을 나타내며, '~해도 된다', '~해도 좋다'로 해석합니다.

예 2016年开始，可以生第二胎了。Èr líng yī liù nián kāishǐ, kěyǐ shēng dì-èr tāi le.
我可以去一下洗手间吗？Wǒ kěyǐ qù yíxià xǐshǒujiān ma?

② [가능] 조동사 '可以'는 어떤 일을 주관적으로 할 수 있음을 나타내며, '~할 수 있다'라는 뜻입니다.

예 可以帮我一下吗？Kěyǐ bāng wǒ yíxià ma?
酒店可以提供早餐。Jiǔdiàn kěyǐ tígòng zǎocān.

4 부사 '一定'

부사 '一定'은 술어 앞에 쓰며 '반드시', '필히', '꼭'이라는 뜻으로, 틀림없음을 나타내거나 화자가 어떤 일에 대해 굳은 의지를 표현할 때 씁니다.

예 儿童产业一定有前途。Értóng chǎnyè yídìng yǒu qiántú.
这个化妆品一定要买。Zhège huàzhuāngpǐn yídìng yào mǎi.
你穿这件衣服，一定很漂亮。Nǐ chuān zhè jiàn yīfu, yídìng hěn piàoliang.

一下 yíxià 부 좀 ~하다 | 洗手间 xǐshǒujiān 명 화장실 | 帮 bāng 동 돕다 | 酒店 jiǔdiàn 명 호텔 | 提供 tígòng 동 제공하다 | 早餐 zǎocān 명 아침 식사 | 化妆品 huàzhuāngpǐn 명 화장품 | 件 jiàn 양 벌, 건 (의류나 서류등을 세는 양사) | 漂亮 piàoliang 형 예쁘다

종합 연습

1 다음 단어와 관련 있는 사진을 고르세요.

1) 学校 ( )　　2) 幼儿园 ( )　　3) 运动服 ( )　　4) 玩具 ( )

2 다음을 어순에 맞게 바르게 배열해 보세요.

1) 好　　了　　那　　太

　➡ _____ 。

2) 方便　　因为　　运动服

　➡ _____ 。

3) 运动会　　是　　今天　　不是

　➡ _____ ？

4) 一定　　前途　　儿童产业　　有

　➡ _____ 。

3 빈칸에 들어갈 단어를 보기에서 골라 써 보세요.

> 等等   怎么   可以   原来

1) 他们 _____ 穿运动服上学?

2) _____ 和我们中国不一样。

3) 2016年开始，_____ 生第二胎了。

4) 月子中心、奶粉、玩具 _____ 。

4 사진을 보고 본문 내용에 근거하여 대화를 완성해 보세요.

1) A: 中国的校服是运动服吗?

   B: _____

2) A: 以后儿童产业有前途吗?

   B: _____

3) A: 中国什么时候开始，可以生第二胎?

   B: _____

 간체자 쓰기

획순	校校校校校校校校校 服服服服服服服
校服 xiàofú 교복	校 服 xiàofú

획순	奇奇奇奇奇奇奇奇 怪怪怪怪怪怪怪怪
奇怪 qíguài 기이하다, 이상하다	奇 怪 qíguài

획순	方方方方 便便便便便便便便
方便 fāngbiàn 편리하다	方 便 fāngbiàn

획순	时时时时时时 候候候候候候候候
时候 shíhou 때, 시각	时 候 shíhou

획순	儿 儿	童 童 童 童 童 童 音 音 音 音 童 童
儿童 értóng 아동, 어린이	儿 童 értóng	

획순	前 前 前 前 前 前 前 前	途 途 途 途 途 途 途 途 途
前途 qiántú 앞길, 전망	前 途 qiántú	

획순	奶 奶 奶 奶 奶	粉 粉 粉 粉 粉 粉 粉 粉 粉
奶粉 nǎifěn 분유	奶 粉 nǎifěn	

획순	玩 玩 玩 玩 玩 玩 玩 玩	具 具 具 具 具 具 具 具
玩具 wánjù 장난감	玩 具 wánjù	

10과 교복과 소황제

11과

쇼핑과 흥정

회화 1 한국행 쇼핑
회화 2 흥정

중국인은 왜 한국으로 쇼핑을 올까요?

중국인들이 한국으로 쇼핑을 오는 이유는 가까운 지리적 접근성, 우호적인 한중 관계, 경제 발전으로 이루어진 한국의 높은 기술력, 한류 문화의 확산 등을 꼽을 수 있습니다. 또 다른 이유는 중국 사람들의 인식 가운데 'Made in Korea' 제품은 믿고 사용할 수 있다는 신뢰 때문입니다.

그럼 중국 관광객들이 많이 구매하는 한국 제품은 무엇일까요? 한국 마케팅협회의 설문 조사에 의하면 숨37도 기초화장품, 설화수 한방 화장품, 후 영양 크림, 클리오 비비 크림, 라네즈 립스틱, 쿠쿠 전기밥솥,

휴롬 원액기, 락앤락 밀폐용기, 귀애랑 여성용품, 하기스 기저귀, 신라면, 초코파이, 바나나맛 우유 등이 중국 소비자가 사랑하는 한국 제품이라고 합니다. 앞으로도 소비자가 믿고 사용할 수 있는 한국의 명품 제품들이 더 많이 나오기를 기대합니다.

중국에서 물건을 살 때 반드시 가격 흥정을 해야 할까요?

중국에서 물건을 살 때는 구매하는 장소에 따라 흥정 여부가 달라집니다. 중국의 백화점이나 대형 마트는 표시된 가격으로 구매해야 하는 정가제 (明码标价 míngmǎ biāojià) 방식이고, 우리나라 남대문 같은 재래시장과 야시장은 정가가 없어 흥정을 해야 바가지를 면할 수 있습니다. 특히 외국인이 많이 가는 시장에서는 반드시 가격을 흥정해야 합니다. 외국인은 현지 사정에 어두울 것이라고 생각하여 중국 상인들이 가격을 비싸게 부르기 때문입니다.

중국에서 물건을 구매할 때는 '货比三家不上当. Huò bǐ sān jiā bú shàngdàng. (세 집을 비교해야 속임을 당하지 않는다.)'라는 말처럼 적어도 세 군데 이상의 상점을 돌아보고 가격을 비교한 후 구매하는 것이 좋습니다. 가격을 흥정할 때 "太贵了, 便宜点儿。 Tài guì le, piányi diǎnr.(너무 비싸요, 싸게 해 주세요.)" 이라는 표현을 알아두면 도움이 될 것입니다.

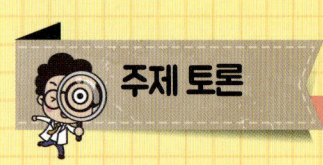
주제 토론

'한류'는 언제부터 시작되었을까요?

중국인이 선호하는 한국 제품은 무엇일까요?

중국 관광객들은 언제 한국에 가장 많이 올까요?

동대문과 명동에서 물건을 살 때 흥정해 본 적이 있나요?

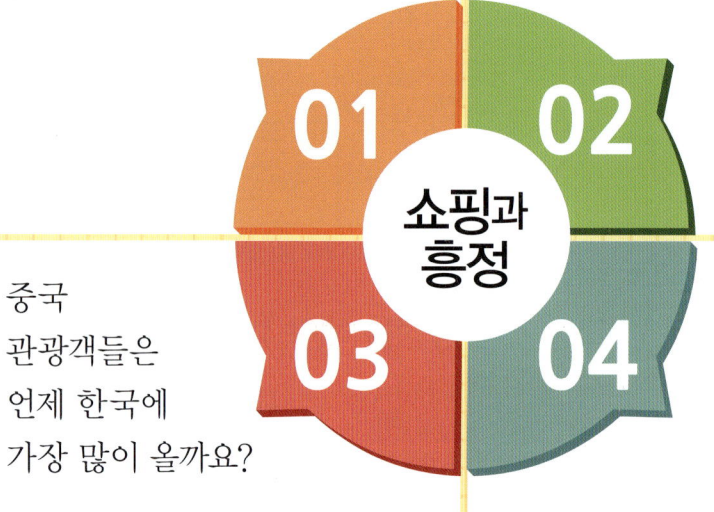

새 단어

MP3 11-1

▶▶▶ **회화 1**

☐ 流行 liúxíng 〔동〕 유행하다, 성행하다, 널리 퍼지다

☐ 打算 dǎsuan 〔조동〕 ~할 생각이다, 작정이다, ~ 하려고 하다

☐ 货 huò 〔명〕 물품, 상품

☐ 买到 mǎidào 〔동〕 사들이다, 사서 손에 넣다

☐ 货真价实 huòzhēn-jiàshí 〔성어〕 품질도 믿을 만하고 가격도 공정하다, 물건도 진짜이고 값도 싸다

▶▶▶ **회화 2**

☐ 次 cì 〔양〕 번, 회, 차례

☐ 东大门 Dōngdàmén 〔지명〕 동대문

☐ 明洞 Míngdòng 〔지명〕 명동

☐ 货比三家 huòbǐsānjiā
물건을 살 때 바가지를 쓰지 않도록 여러 곳을 비교하다

☐ 再 zài 〔부〕 ~하고 나서, ~한 후에

☐ 讲价 jiǎngjià 〔동〕 값을 흥정하다

☐ 一般 yìbān 〔형〕 보통이다, 일반적이다

☐ 除了 chúle 〔개〕 ~을 제외하고(는)

☐ 百货商店 bǎihuò shāngdiàn 〔명〕 백화점

회화 1 한국행 쇼핑

김민호와 왕리가 한국 제품에 대해 이야기합니다.

金民浩 听说，在中国韩国的化妆品很流行。
Tīngshuō, zài Zhōngguó Hánguó de huàzhuāngpǐn hěn liúxíng.

王 丽 我打算去韩国买化妆品。
Wǒ dǎsuan qù Hánguó mǎi huàzhuāngpǐn.

金民浩 你要买什么？
Nǐ yào mǎi shénme?

王 丽 我想买化妆品和衣服。
Wǒ xiǎng mǎi huàzhuāngpǐn hé yīfu.

金民浩 中国也有，你为什么到韩国买呢？
Zhōngguó yě yǒu, nǐ wèishénme dào Hánguó mǎi ne?

王 丽 因为去韩国，可以买到货真价实的韩国货。
Yīnwèi qù Hánguó, kěyǐ mǎidào huòzhēn-jiàshí de Hánguó huò.

회화 2   흥정

MP3 11-3

김민호와 왕리가 가격 흥정에 대해 이야기합니다.

金民浩　你这次去韩国，打算去什么地方？
Nǐ zhè cì qù Hánguó, dǎsuan qù shénme dìfang?

王　丽　我要去东大门和明洞。
Wǒ yào qù Dōngdàmén hé Míngdòng.

金民浩　听说中国人喜欢货比三家，再讲价。
Tīngshuō Zhōngguórén xǐhuan huòbǐsānjiā, zài jiǎngjià.

王　丽　是啊！韩国人呢？
Shì a! Hánguórén ne?

金民浩　韩国一般很难讲价。
Hánguó yìbān hěn nán jiǎngjià.

王　丽　中国除了百货商店，都可以讲价。
Zhōngguó chúle bǎihuò shāngdiàn, dōu kěyǐ jiǎngjià.

 문장 말하기

MP3 11-4

녹음을 듣고 따라 읽으세요.

1
化妆品　huàzhuāngpǐn
买化妆品　mǎi huàzhuāngpǐn
想买化妆品　xiǎng mǎi huàzhuāngpǐn
我想买化妆品。　Wǒ xiǎng mǎi huàzhuāngpǐn.

2
地方　dìfang
什么地方　shénme dìfang
去什么地方　qù shénme dìfang
打算去什么地方？　Dǎsuan qù shénme dìfang?

3　我打算去韩国买 化妆品 。
　　　　　　　　　衣服
　　　　　　　　　红参
　　　　　　　　　海苔

단어
□ 红参 hóngshēn 명 홍삼
海苔 hǎitái 명 김

4　听说中国人喜欢 货比三家 。
　　　　　　　　　礼尚往来
　　　　　　　　　门当户对
　　　　　　　　　省吃俭用

□ 礼尚往来 lǐshàngwǎnglái
성어 오는 정이 있으면 가는 정이 있다
门当户对 méndāng-hùduì
성어 (혼인 관계에 있어서) 남녀 두 집안이 엇비슷하다
省吃俭用 shěngchī-jiǎnyòng
성어 근검 절약하다

문장 쓰기

녹음을 듣고 따라 읽으면서 알맞은 한어병음이나 한자를 써 보세요.

1 你要买什么?

2 我想买化妆品和衣服。

3 Wǒ yào qù Dōngdàmén hé Míngdòng.

4 Hánguó yìbān hěn nán jiǎngjià.

 **핵심 문법**

1 연동문 '去…买…'

한 문장에서 두 개 또는 그 이상의 동사 및 동사구가 동일한 주어 뒤에 배열되는 문장을 연동문이라 합니다. 연동문은 동작이 일어나는 순서로 동사를 배열하며, 조동사는 동사 앞에 위치합니다.

주어 → (조동사) → 동사1 → (목적어1) → 동사2 → (목적어2)

예) 我打算去韩国买化妆品。 Wǒ dǎsuan qù Hánguó mǎi huàzhuāngpǐn.
　　我想去东大门买衣服。 Wǒ xiǎng qù Dōngdàmén mǎi yīfu.

2 결과보어 '到'

결과보어는 동사 뒤에서 그 동작의 결과를 보충 설명합니다.

주어 → 동사 → 결과보어(到) → 목적어

① 동사의 동작이 목적을 달성하였음을 나타냅니다.
예) 可以买到货真价实的韩国货。 Kěyǐ mǎidào huòzhēn-jiàshí de Hánguó huò.
　　我买到韩国化妆品了。 Wǒ mǎidào Hánguó huàzhuāngpǐn le.

② 사람이나 사물이 어떤 지점에 도달하였음을 나타냅니다.
예) 他回到北京了。 Tā huídào Běijīng le.
　　今天就看到这里。 Jīntiān jiù kàndào zhèli.

③ 동작이 어느 시간까지 지속됨을 나타냅니다.
예) 他昨天学习到凌晨两点。 Tā zuótiān xuéxí dào língchén liǎng diǎn.
　　我昨天看电影看到十二点。 Wǒ zuótiān kàn diànyǐng kàndào shí'èr diǎn.

 **단어**

这里 zhèli 때 이곳, 여기 | 学习 xuéxí 통 학습하다, 배우다 | 点 diǎn 양 시 | 凌晨 língchén 명 새벽

3 동사 '比'와 개사 '比'

본문의 '比'는 동사로 '비교하다', '견주어 보다'라는 뜻으로, '货比三家'는 '물건을 살 때 바가지를 쓰지 않도록 적어도 세 곳을 비교한다'라는 의미입니다.

예 听说中国人喜欢货比三家。Tīngshuō Zhōngguórén xǐhuan huòbǐ-sānjiā.
　 你们比一下中韩的货币。Nǐmen bǐ yíxià Zhōng Hán de huòbì.

이 외에도 '比'는 비교의 대상과 함께 개사구를 만들어, 'A는 B보다 ~하다'라는 뜻의 비교문을 만들 수 있습니다.

예 哥哥比我大两岁。Gēge bǐ wǒ dà liǎng suì.
　 东大门的衣服比百货商店便宜。Dōngdàmén de yīfu bǐ bǎihuò shāngdiàn piányi.

4 접속사 '除了… 都…'

'除了…' 뒤에 '都'가 오면 '~을 빼고 다 ~하다'라는 뜻으로 제외의 의미를 나타내며, '除了…' 뒤에 '还'가 오면 '~외에도 또~ 하다'라는 뜻으로 포함의 의미를 나타냅니다.

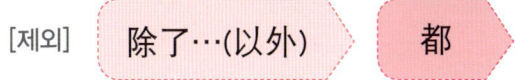

예 中国除了百货商店，都可以讲价。Zhōngguó chúle bǎihuò shāngdiàn, dōu kěyǐ jiǎngjià.
　 除了星期五以外，每天都有课。Chúle Xīngqīwǔ yǐwài, měitiān dōu yǒu kè.

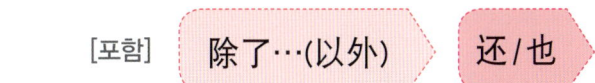

예 除了汉语以外，我还会说日语。Chúle Hànyǔ yǐwài, wǒ hái huì shuō Rìyǔ.
　 中国除了汉族以外，还有五十五个少数民族。
　 Zhōngguó chúle Hànzú yǐwài, hái yǒu wǔshíwǔ ge shǎoshù mínzú.

货币 huòbì 명 화폐 | 哥哥 gēge 명 형, 오빠 | 岁 suì 명 살, 세 | 便宜 piányi 형 (값이) 싸다 | 星期五 Xīngqīwǔ 명 금요일 | 每天 měitiān 명·부 매일 | 课 kè 명 수업 | 少数民族 shǎoshù mínzú 명 소수 민족

종합 연습

1 다음 단어와 관련 있는 사진을 고르세요.

1) 明洞 (　)　　　2) 衣服 (　)　　　3) 百货商店 (　)　　　4) 化妆品 (　)

A.

B.

C.

D.

2 다음을 어순에 맞게 바르게 배열해 보세요.

1) 要　　什么　　买　　你

　➡ _____?

2) 去　　打算　　地方　　什么　　你

　➡ _____?

3) 想　　我　　化妆品和衣服　　买

　➡ _____。

4) 去　　我　　东大门和明洞　　要

　➡ _____。

3 빈칸에 들어갈 단어를 보기에서 골라 써 보세요.

> 一般   打算   为什么   听说

1) 我 _____ 去韩国买化妆品。

2) _____ 中国人喜欢货比三家。

3) 韩国 _____ 很难讲价。

4) 中国也有，你 _____ 到韩国买呢？

4 다음 사진을 보고 대화를 완성해 보세요.

1) A: 中国可以讲价吗?

   B: _____

2) A: 在中国韩国的化妆品流行吗?

   B: _____

3) A: 王丽到韩国，打算去什么地方?

   B: _____

 간체자 쓰기

획순	流流流流流流流流流流	行行行行行行
流行	流 行	
liúxíng	liúxíng	
유행하다		

획순	打打打打打	算算算算算算算算算算算算算算
打算	打 算	
dǎsuan	dǎsuan	
~할 생각이다		

획순	买买买买买买	到到到到到到到到
买到	买 到	
mǎidào	mǎidào	
사들이다, 사서 손에 넣다		

획순	东东东东东	大大大	门门门
东大门	东 大 门		
Dōngdàmén	Dōngdàmén		
동대문			

획순	明 明 明 明 明 明 明　　洞 洞 洞 洞 洞 洞 洞 洞 洞
明洞　Míngdòng　명동	明 洞　Míngdòng

획순	讲 讲 讲 讲 讲 讲　　价 价 价 价 价 价
讲价　jiǎngjià　값을 흥정하다	讲 价　jiǎngjià

획순	一　　般 般 般 般 般 般 般 般 般 般
一般　yìbān　일반적이다	一 般　yìbān

획순	难 难 难 难 难 难 难 难 难 难
难　nán　어렵다	难 难　nán　nán

11과 쇼핑과 흥정　155

설 준비와 붉은색

회화 1 설 준비
회화 2 붉은색

중국인들은 설 준비를 어떻게 할까요?

전통적으로 중국의 설을 준비하는 풍습은 음력 12월 24일부터 시작됩니다. 12월 24일은 대청소를 하여 묵은 먼지를 털고, 12월 27일은 시장에 가서 설에 쓸 물품인 '年货 niánhuò'를 사며, 12월 28일은 복을 기원하는 그림이나 '春联 chūnlián'으로 문을 장식하고, 12월 29일은 조상님께 성묘합니다. 12월 31일 섣달 그믐날은 흩어져 있던 온 가족이 한자리에 모여 '年夜饭 niányèfàn'을 먹으며 덕담을 나누고 새해맞이를 준비합니다. 제야의 종소리가 울리는 12시가 되면 귀신과 액운을 쫓고 풍년을 기원하는 폭죽을 터뜨립니다.

음력 1월 1일 정월 초하루 아침에는 웃어른께 세배를 드리고 '붉은 봉투(红包 hóngbāo)' 안에 넣은 세뱃돈과 '恭喜发财! Gōngxǐ fācái!' 등의 덕담을 주고받습니다.

가족과 함께 희망찬 새해를 맞이하는 중국인들은 온 정성을 다해 춘절을 준비합니다.

중국인들은 왜 붉은색 속옷을 입을까요?

중국에서는 '본명년(本命年 běnmìngnián)'이 되면 붉은색 속옷을 입는 풍습이 있습니다. 그래서 연말연시 중국의 대형 슈퍼마켓에서는 붉은색 속옷, 붉은색 양말, 붉은색 모자, 붉은색 벨트 등 붉은색 상품들이 진열된 것을 볼 수 있습니다. '본명년'이란 12년마다 돌아오는 자신의 띠가 되는 해를 말하는데, 본명년의 해가 되면 중국인들은 운수 사나운 일들이 생길 수 있다고 생각합니다. 그래서 붉은색이 액운을 막아주고, 질병으로부터 건강을 지켜준다고 믿기 때문에 붉은색 속옷을 입거나 붉은색 소품을 지닙니다. 사람들이 가장 많이 착용하는 본명년 상품은 옥이 달린 붉은색 끈의 목걸이나 팔찌, 속옷, 양말, 벨트입니다. 이처럼 본명년을 맞이하는 사람들을 겨냥하여 다양한 본명년 상품을 출시하는 것을 '홍색 경제(红色经济 hóngsè jīngjì)'라고 합니다.

 **주제 토론**

중국인들이
설에 먹는
음식은
무엇일까요?

설날에
폭죽을 터뜨리는
이유는
무엇일까요?

01

02

설 준비와
붉은색

03

04

중국인들도
세배를 할까요?

중국인들은
왜
붉은색을
좋아할까요?

새 단어

MP3 12-1

▶▶▶ 회화 1

- 快…了 kuài … le 곧 ~일 것이다 (임박태)
- 春节 Chūnjié 명 설, 음력 정월 초하루, 춘절
- 超市 chāoshì 명 슈퍼마켓, 마트 (超级市场의 약칭)
- 年货 niánhuò 명 설에 쓰는 일체의 물건, 설맞이 용품
- 前 qián 명 (방위, 순서, 시간의) 앞
- 准备 zhǔnbèi 동 준비하다
- 春联 chūnlián 명 춘련, 음력설에 문, 기둥에 붙이는 대련(对联)
- 鞭炮 biānpào 명 폭죽
- 跟…一起 gēn … yìqǐ ~와 함께, ~와 같이

▶▶▶ 회화 2

- 今年 jīnnián 명 올해, 금년
- 本命年 běnmìngnián 명 (12년마다 돌아오는) 출생한 해의 띠
- 每 měi 대 ~마다, 모두
- 轮 lún 동 (순서에 따라) 교체하다, 순번이 되다, 차례가 되다
- 满 mǎn 동 차다, 기한이 되다, 일정한 한도에 이르다
- 关系 guānxi 명 (사람과 사람 또는 사물 사이의) 관계, 연줄
- 驱邪 qūxié 동 (주문 등으로) 악귀를 쫓다

회화 1 설 준비

왕리와 김민호가 설 준비에 대해 이야기합니다.

王丽 快到春节了。我去超市买年货。
Kuài dào Chūnjié le. Wǒ qù chāoshì mǎi niánhuò.

金民浩 年货是什么?
Niánhuò shì shénme?

王丽 年货是春节前准备的东西。
Niánhuò shì Chūnjié qián zhǔnbèi de dōngxi.

金民浩 是吗? 那你要买什么?
Shì ma? Nà nǐ yào mǎi shénme?

王丽 我要买春联、鞭炮等等。
Wǒ yào mǎi chūnlián、biānpào děngděng.

金民浩 那我也跟你一起去。
Nà wǒ yě gēn nǐ yìqǐ qù.

회화 2 — 붉은색

김민호와 왕리가 붉은색의 의미에 대해 이야기합니다.

金民浩　今天你穿的都是红色！你喜欢红色吗？
　　　　Jīntiān nǐ chuān de dōu shì hóngsè!　Nǐ xǐhuan hóngsè ma?

王　丽　不是。今年是我的本命年。
　　　　Bú shì.　Jīnnián shì wǒ de běnmìngnián.

金民浩　本命年？
　　　　Běnmìngnián?

王　丽　本命年是每十二年轮一次的。
　　　　Běnmìngnián shì měi shí'èr nián lún yí cì de.

金民浩　那么，你今年满24岁，是你的本命年吗？
　　　　Nàme, nǐ jīnnián mǎn èrshísì suì, shì nǐ de běnmìngnián ma?

王　丽　是啊！
　　　　Shì a!

金民浩　本命年和红色有什么关系？
　　　　Běnmìngnián hé hóngsè yǒu shénme guānxi?

王　丽　红色可以驱邪，所以穿红色。
　　　　Hóngsè kěyǐ qūxié, suǒyi chuān hóngsè.

12과 설 준비와 붉은색 161

 문장 말하기

MP3 12-4

녹음을 듣고 따라 읽으세요.

1
年货　niánhuò
买年货　mǎi niánhuò
去超市买年货　qù chāoshì mǎi niánhuò
我去超市买年货。　Wǒ qù chāoshì mǎi niánhuò.

2
本命年　běnmìngnián
我的本命年　wǒ de běnmìngnián
是我的本命年　shì wǒ de běnmìngnián
今年是我的本命年。　Jīnnián shì wǒ de běnmìngnián.

3　快到 春节 了，我去超市买 年货 。

端午节　　　　　粽子
中秋节　　　　　月饼
圣诞节　　　　　卡片

단어
□ 卡片 kǎpiàn 명 카드

4　你今年满 24 岁，是你的本命年吗？
　　　　　　36
　　　　　　48
　　　　　　60

문장 쓰기

녹음을 듣고 따라 읽으면서 알맞은 한어병음이나 한자를 써 보세요.

1 年货是什么？

2 那我也跟你一起去。

3 Nǐ xǐhuan hóngsè ma?

4 Jīnnián shì wǒ de běnmìngnián.

1 임박태 '快…了'

'快…了'는 어떤 동작이나 상황이 곧 발생할 것임을 나타내며, '곧 ~하려고 하다', '곧 ~하게 될 것이다'라는 뜻을 나타냅니다. 비슷한 뜻으로 '要…了', '就…了', '就要…了', '快要…了'도 있습니다.

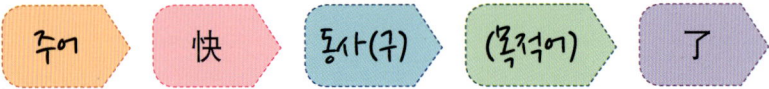

예 快到春节了。 Kuài dào Chūnjié le.
银行就关门了。 Yínháng jiù guān mén le.
我们快要毕业了。 Wǒmen kuàiyào bìyè le.

2 '跟…一起…'

개사 '跟'은 '~와/과'의 뜻으로 동작과 관련 있는 대상을 이끌어 냅니다. '一起'와 호응하여 '跟＋대상＋一起＋술어'의 형태가 되면 '~와 함께 ~하다'라는 뜻이 됩니다.

예 那我也跟你一起去。 Nà wǒ yě gēn nǐ yìqǐ qù.
周末我跟朋友一起逛街了。 Zhōumò wǒ gēn péngyou yìqǐ guàngjiē le.
明天跟我一起去看电影，好吗? Míngtiān gēn wǒ yìqǐ qù kàn diànyǐng, hǎo ma?

银行 yínháng 명 은행 | **关门** guānmén 동 문을 닫다, 영업을 마치다 | **毕业** bìyè 동 졸업하다 | **周末** zhōumò 명 주말 | **逛街** guàngjiē 동 구경하다, 쇼핑하다

3 대명사 '每'

명사 '每'는 '매', '각', '~마다', '모두'라는 뜻으로, 어떤 동작이 규칙적으로 반복됨을 나타냅니다. 본문의 '每十二年'은 '12년마다'라는 뜻입니다.

예 本命年是每十二年轮一次的。Běnmìngnián shì měi shí'èr nián lún yí cì de.
每周六我在咖啡厅打工。Měi zhōuliù wǒ zài kāfēitīng dǎgōng.
釜山国际电影节每年十月份在釜山举行。
Fǔshān guójì diànyǐngjié měinián shí yuèfèn zài Fǔshān jǔxíng.

4 형용사/동사 '满'

'满'이 형용사로 쓰이면 '가득 차다', '만족하다'의 뜻이지만, 본문에서는 동사로 쓰여서 '차다', '기한이 되다', '일정한 한도에 이르다'라는 뜻을 나타냅니다.

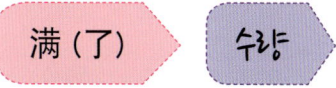

예 你今年满24岁，是你的本命年吗? Nǐ jīnnián mǎn èrshísì suì, shì nǐ de běnmìngnián ma?
他服兵役刚满了一年。Tā fú bīngyì gāng mǎn le yì nián.
满十九岁就是成人了。Mǎn shíjiǔ suì jiùshì chéngrén le.

周六 zhōuliù 명 토요일 | **咖啡厅** kāfēitīng 명 커피숍 | **打工** dǎgōng 동 아르바이트하다 | **月份** yuèfèn 명 (어떤) 월 | **釜山** Fǔshān 지명 부산 | **国际电影节** guójì diànyǐngjié 명 국제영화제 | **举行** jǔxíng 동 거행하다, 열리다 | **服兵役** fú bīngyì 군 복무를 하다 | **刚** gāng 부 막, 방금 | **成人** chéngrén 명 성인, 어른

종합 연습

1 다음 단어와 관련있는 사진을 고르세요.

1) 鞭炮 (　)   2) 红色 (　)   3) 超市 (　)   4) 春联 (　)

2 다음을 어순에 맞게 바르게 배열해 보세요.

1) 买　年货　我　超市　去

➡ ＿＿＿＿＿＿＿＿＿＿＿＿＿＿＿＿＿＿＿＿＿＿＿＿＿＿。

2) 也　我　一起　去　那　跟你

➡ ＿＿＿＿＿＿＿＿＿＿＿＿＿＿＿＿＿＿＿＿＿＿＿＿＿＿。

3) 关系　本命年　和　什么　红色　有

➡ ＿＿＿＿＿＿＿＿＿＿＿＿＿＿＿＿＿＿＿＿＿＿＿＿＿＿？

4) 是　本命年　每十二年　一次　的　轮

➡ ＿＿＿＿＿＿＿＿＿＿＿＿＿＿＿＿＿＿＿＿＿＿＿＿＿＿。

3 빈칸에 들어갈 단어를 보기에서 골라 써 보세요.

> 满　　所以　　前　　关系

1) 年货是春节 _____ 准备的东西。

2) 本命年和红色有什么 _____ ？

3) 你今年 _____ 24岁，是你的本命年吗？

4) 红色可以驱邪， _____ 穿红色。

4 사진을 보고 질문에 대답하세요.

1) A: 年货是什么?

   B: _____

2) A: 那你要买什么?

   B: _____

3) A: 你喜欢红色吗?

   B: _____

 간체자 쓰기

획순	春春三夫夫夫春春春　节节节节节				
春节 Chūnjié 춘절, 음력설	春 节 Chūnjié				

획순	超超超超超超走起起超超超　市市市市市				
超市 chāoshì 슈퍼마켓	超 市 chāoshì				

획순	准准准准准准准准准准　备备各各各各备备				
准备 zhǔnbèi 준비하다	准 备 zhǔnbèi				

획순	东东东东东　西西西西西西				
东西 dōngxi 물건, 사물	东 西 dōngxi				

획순	春春春春夫麦春春春	联联联联联联联联联联
春联 chūnlián 춘련	春 联 chūnlián	

획순	鞭鞭鞭鞭鞭革革鞭鞭鞭鞭鞭	炮炮炮炮炮炮炮炮
鞭炮 biànpào 폭죽	鞭 炮 biànpào	

획순	关关关关关关	系系系系系系系
关系 guānxi 관계, 연줄	关 系 guānxi	

획순	驱马马驱驱驱驱	邪牙牙牙邪邪
驱邪 qūxié 악귀를 쫓다	驱 邪 qūxié	

12과 설 준비와 붉은색 169

본문 해석

3과

회화 ①

왕　리: 안녕하세요! 저는 왕리라고 해요.
김민호: 안녕하세요! 저는 김민호라고 합니다.
왕　리: 당신은 유학생이에요?
김민호: 네, 저는 한국 유학생입니다.

회화 ②

김민호: 천안문 광장이 정말 크네요!
왕　리: 사람도 매우 많아요.
김민호: 저것이 중국 국기인가요?
왕　리: 네, 저것은 중국 국기, 오성홍기입니다.

4과

회화 ①

김민호: 중국에는 민족이 얼마나 있나요?
왕　리: 중국에는 56개의 민족이 있어요.
김민호: 인구가 제일 많은 민족은 한족이지요?
왕　리: 네.

회화 ②

김민호: 저는 그들의 말을 알아들을 수가 없네요.
왕　리: 그들이 하는 말은 방언입니다, 표준어가 아니에요.
김민호: 중국에는 방언이 몇 개나 있나요?
왕　리: 중국에는 8대 방언이 있어요.
김민호: 중국은 땅이 넓고, 사람이 많으니, 방언도 많네요.

5과

회화 ①

왕　리: 엘리베이터에 타세요.
김민호: 엘리베이터 안에 왜 숫자 '4'가 없지요?
왕　리: 중국인들은 숫자 '4'를 좋아하지 않아요.
김민호: 그래요?
왕　리: '四'와 '死'의 발음과 비슷하기 때문이지요.
김민호: 아! 그렇군요.

회화 ②

김민호: 당신은 왜 술을 두 병 사요?
왕　리: 중국인들은 짝수를 좋아하거든요.
김민호: 듣자 하니 중국인들은 숫자 '8'을 좋아한다던데요.
왕　리: 왜 그런지 아세요?
김민호: 모르겠어요.
왕　리: 왜냐하면 '八'와 '发财'의 '发'의 발음이 비슷하기 때문이에요.

6과

회화 ①

왕　리: 며칠 있으면 바로 추석이에요.
김민호: 추석은 한국의 중요한 명절이에요.
왕　리: 그러면 한국인들은 추석을 어떻게 지내나요?
김민호: 대다수 한국인들은 모두 고향에 가요.
왕　리: 중국인들은 추석에 월병을 먹고, 달맞이를 해요.
김민호: 한국인들은 송편을 먹고, 성묘를 해요.

회화 ②

왕　리: 오늘이 무슨 날인지 아세요?
김민호: 오늘은 음력 5월 5일, 단오절이잖아요.
왕　리: 당신들은 이 명절을 지내나요?
김민호: 네, 저희도 지내요.
왕　리: 우리는 단오절에 쭝즈를 먹고, 용선 시합을 해요.
김민호: 우리는 쑥떡을 먹고, 그네를 탑니다.

7과

회화 ①

종업원: 앉으셔서, 차를 드세요.
김민호: 고맙습니다. 실례지만 시원한 차 있나요?
왕　리: 시원한 차요?
김민호: 오늘 날씨가 더워서, 저는 시원한 차를 마시고 싶어요.
왕　리: 중국인들은 시원한 차를 마시지 않고, 따뜻한 차를 마신답니다.

김민호: 어쩐지 중국인들 모두 따뜻한 물을 마시더라고요.

회화 ❷
김민호: 중국에는 어떤 명차들이 있나요?
왕 리: 종류가 아주 많지요, 당신은 어떤 차를 마셔 보았나요?
김민호: 재스민 차를 마셔 본 적이 있는데, 또 어떤 차가 있나요?
왕 리: 용정차, 보이차 등이 있어요.
김민호: 저희 어머니께서 보이차를 좋아하세요.
왕 리: 보이차에는 카페인이 없지요.

8과
회화 ❶
김민호: 와! 정말 실컷 눈요기하네요!
왕 리: 이거 맛 좀 보세요.
김민호: 이건 뭐죠? 이건 전갈 아닌가요?
왕 리: 맞아요, 일부 사람들은 독특한 것을 즐겨 먹지요.
김민호: 정말 놀랍네요.
왕 리: 보기에는 무섭지만, 먹으면 맛있어요.

회화 ❷
김민호: 한국과 중국 양국의 식습관에는 큰 차이가 있어요.
왕 리: 그렇습니다.
김민호: 한국인들이 먹는 음식은 비교적 담백하지요.
왕 리: 중국인들이 먹는 음식은 비교적 기름지고요.
김민호: 한국인들은 채소를 좋아하죠.
왕 리: 중국인들은 볶음 요리를 좋아합니다.

9과
회화 ❶
김민호: 공원 안의 공기가 정말 좋네요!
왕 리: 네! 참 편안하네요!
김민호: 저 사람들은 뭐 하고 있는 중이에요?
왕 리: 저 사람들은 몸을 단련하고 있는 중이에요.

김민호: 알겠다. 저것이 태극권이지요?
왕 리: 네. 태극권은 몸을 건강하게 하는 무술의 한 종류이지요.

회화 ❷
왕 리: 보세요! 저 사람들 춤을 추고 있어요.
김민호: 왜 밖에서 춤을 추지요?
왕 리: 왜냐하면 밖이 넓으니까요. 저것은 광장무라고 해요.
김민호: 한국인들은 밖에서 춤을 추지 않는데요.
왕 리: 그래요? 광장무는 중국 도시인들이 건강을 위해 추는 춤이에요.
김민호: 정말 흥미롭네요.

10과
회화 ❶
김민호: 저들은 어째서 운동복을 입고 등교해요? 오늘이 운동회하는 날인가요?
왕 리: 저것은 운동복이 아니고, 교복이에요.
김민호: 뭐라고요? 운동복이 교복이라니, 정말 신기해요.
왕 리: 왜냐하면 운동복이 편하니까요.
김민호: 한국에서 운동복은 체육 수업할 때 입는 것인데요.
왕 리: 알고 보니 우리 중국과 다르군요.

회화 ❷
김민호: 지금 중국은 다 외동이지요!
왕 리: 아니에요. 2016년부터 둘째를 낳을 수 있어요.
김민호: 그럼, 아동·유아용품 산업이 전망이 좋겠네요.
왕 리: 아동·유아용품 산업이요? 무슨 뜻이에요?
김민호: 산후조리원, 분유, 장난감 등 말이에요.
왕 리: 정말 좋네요! 우리도 유치원을 하나 차릴까요.

11과
회화 ❶
김민호: 듣자 하니 중국에서 한국 화장품이 매우 유행이라

던데요.
왕　　리: 저도 한국에 가서 화장품을 살 계획이에요.
김민호: 무엇을 사려고요?
왕　　리: 화장품과 옷을 사려고요.
김민호: 중국에도 있는데, 왜 한국에 가서 사요?
왕　　리: 왜냐하면 한국에 가면, 물건도 진짜이면서 값도 싼 한국 상품을 살 수 있으니까요.

회화 ❷
김민호: 당신은 이번에 한국에 가면, 어디에 갈 계획이에요?
왕　　리: 동대문하고 명동에 가려고 해요.
김민호: 듣자 하니 중국 사람들은 세 군데 정도 가격을 비교한 후, 흥정하는 것을 좋아한다고 들었는데요.
왕　　리: 맞아요! 한국 사람들은요?
김민호: 한국은 일반적으로 가격 흥정이 힘들어요.
왕　　리: 중국은 백화점을 제외하고, 모두 가격을 흥정할 수 있어요.

김민호: 그럼, 당신이 올해 만 24세니까, 당신의 본명년이에요?
왕　　리: 맞아요!
김민호: 본명년과 붉은색이 무슨 관계가 있어요?
왕　　리: 붉은색은 악한 기운을 쫓아 낼 수 있어요, 그래서 붉은색을 입는 거예요.

12과

회화 ❶
왕　　리: 곧 춘절이에요. 저는 마트에 가서 설맞이 용품을 사려고요.
김민호: 설맞이 용품이 뭐예요?
왕　　리: 설맞이 용품이란 춘절 전에 준비해야 하는 물건이에요.
김민호: 그래요? 그럼 당신은 무엇을 사려고요?
왕　　리: 저는 춘련, 폭죽 등을 사려고요.
김민호: 그럼 저도 당신과 함께 갈래요.

회화 ❷
김민호: 오늘 당신 온통 붉은색을 입었군요! 붉은색을 좋아해요?
왕　　리: 아니에요. 올해가 제 본명년이거든요.
김민호: 본명년이라고요?
왕　　리: 본명년은 12년마다 한 번씩 돌아오는 (저의 출생한) 해에요.

모범 답안

3과

1. 1) A   2) D   3) C   4) B
2. 1) 我叫金民浩。
   2) 我是韩国留学生。
   3) 那是中国国旗吗?
   4) 天安门广场很大呀!
3. 1) 他是学生吗?
   2) 我不是中国人。
   3) 他是老师。
4. 1) 是(的), 我是中国人。
   2) 你是老师吗?
   3) 是(的), 那是天安门。

4과

1. 1) C   2) D   3) B   4) A
2. 1) 中国有多少个民族?
   2) 他们说的是普通话。
   3) 中国有多少个方言?
   4) 人口最多的是汉族吧?
3. 1) 他们说的是方言吗?
   2) 他们说的不是普通话。
   3) 我懂他们的话。
4. 1) 你有几本书?
   2) 中国有五十六个民族。
   3) 是(的)。

5과

1. 1) D   2) C   3) B   4) A
2. 1) 请上电梯。
   2) 原来是这样。
   3) 你知道为什么吗?
   4) 你为什么买两瓶酒?
3. 1) 他为什么买两瓶酒? / 他买两瓶酒吗?
   2) 中国人喜欢双数。
   3) 我不知道中国人喜欢数字'八'。
4. 1) 因为中国人喜欢双数。
   2) 因为中国人不喜欢'四'。
   3) 因为'八'跟'发财'的'发'发音差不多。

6과

1. 1) A, C   2) B, D
2. 1) 我们也过端午节。
   2) 今天是农历五月五号。
   3) 你知道今天是什么日子吗?
   4) 中秋节是韩国重要的节日。
3. 1) 过   2) 了   3) 都   4) 怎么
4. 1) 端午节是农历五月五号。
   2) 韩国人中秋节吃松饼。
   3) 中秋节是农历八月十五号。

7과

1. 1) C   2) B   3) A
2. 1) 今天天气很热。
   2) 有凉的茶吗?
   3) 我想喝凉的茶。
   4) 我妈妈喜欢喝普洱茶。
3. 1) 普洱茶没有咖啡因。
   2) 他喝过什么茶? / 他喝过茉莉花茶吗?
   3) 中国人喝凉的茶。
4. 1) 我不想喝凉的茶。

모범 답안 **173**

2) 我喝过茉莉花茶。

3) 我妈妈喜欢喝普洱茶。

8과

1. 1) B, D   2) A, C
2. 1) 你尝尝这个。

    2) 有些人喜欢独特的。

    3) 韩国人爱吃青菜。

    4) 中国人吃的菜比较油腻。
3. 1) 真   2) 不是   3) 大   4) 起来, 起来
4. 1) 韩国人爱吃青菜。

    2) 中国人喜欢吃炒菜。

    3) 我喜欢吃炒菜。/ 我喜欢吃青菜。

9과

1. 1) C   2) B   3) D   4) A
2. 1) 因为外边宽敞。

    2) 他们在做什么?

    3) 公园里的空气真好。

    4) 他们正在锻炼身体呢。
3. 1) 太极拳有意思吗?

    2) 公园里的空气不好啊!

    3) 韩国人会在外边跳舞。
4. 1) 是(的), 那是太极拳。

    2) 那叫广场舞。

    3) 公园里的空气很好。

10과

1. 1) D   2) B   3) C   4) A
2. 1) 那太好了。

2) 因为运动服方便。

3) 今天是不是运动会?

4) 儿童产业一定有前途。

3. 1) 怎么   2) 原来   3) 可以   4) 等等
4. 1) 是(的), 中国的校服是运动服。

    2) 以后儿童产业一定有前途。

    3) 中国2016年开始, 可以生第二胎。

11과

1. 1) C   2) B   3) D   4) A
2. 1) 你要买什么?

    2) 你打算去什么地方?

    3) 我想买化妆品和衣服。

    4) 我要去东大门和明洞。
3. 1) 打算   2) 听说   3) 一般   4) 为什么
4. 1) 中国除了百货商店, 都可以讲价。

    2) 在中国韩国的化妆品很流行。

    3) 她打算去东大门。

12과

1. 1) D   2) C   3) A   4) B
2. 1) 我去超市买年货。

    2) 那我也跟你一起去。

    3) 本明年和红色有什么关系?

    4) 本明年是每十二年轮一次的。
3. 1) 前   2) 关系   3) 满   4) 所以
4. 1) 年货是春节前准备的东西。

    2) 我要买鞭炮。

    3) 今年是我的本明年, 所以穿红色。

단어 색인

A

ā, a	啊	감 조	감탄을 나타냄	61
ài	爱	동	사랑하다, 좋아하다	103
àigāo	艾糕	명	쑥떡	75

B

bàba	爸爸	명	아빠, 아버지	50
ba	吧	조	(동의, 제안, 추측, 명령 등을 나타내는 어기조사)	47
bǎihuò shāngdiàn	百货商店	명	백화점	145
bān	班	명	조, 그룹, 반	53
bàn	办	동	운영하다, 경영하다	131
bāng	帮	동	돕다	137
bàng	棒	형	(성적이) 좋다, (수준이) 높다, (능력이) 강하다	134
bēi	杯	양	잔, 컵	52
Běijīng	北京	지명	베이징	150
běn	本	양	권(책을 세는 양사)	53
běnmìngnián	本命年	명	(12년마다 돌아오는) 출생한 해의 띠	159
bǐjiào	比较	부	비교적 [동] 비교하다	103
bìyè	毕业	동	졸업하다	164
biānpào	鞭炮	명	폭죽	159
bù	不	부	(동사, 형용사, 부사 앞에서 부정을 나타냄)	47
bú shì…ma?	不是…吗?		~이 아닌가요?(반문)	103
bù	部	양	부, 편(서적이나 영화 등을 세는 양사)	136

C

cài	菜	명	음식, 요리	92
chābié	差别	명	차별, 차이	103
chá	茶	명	차	52
chàbuduō	差不多	형	비슷하다, 큰 차이가 없다	61
chà de yuǎn	差得远		차이가 크다, 차이가 많다	134
chǎnyè	产业	명	산업	131
cháng	尝	동	맛보다	103
chāoshì	超市	명	슈퍼마켓, 마트(超级市场의 약칭)	159
chǎocài	炒菜	명	볶음 요리 [동] 음식을 볶다	103
chǎofàn	炒饭	명	볶음밥	94
chéngrén	成人	명	성인, 어른	165
chī	吃	동	먹다	75
chī qǐlai	吃起来		먹기에, 먹자니	103
chúle	除了	개	~을 제외하고(는)	145
chuān	穿	동	입다	131
Chūnjié	春节	명	설, 춘절	159
chūnlián	春联	명	춘련, 음력설에 문, 기둥에 붙이는 대련(对联)	159
cì	次	양	번, 회, 차례	145

D

dǎgōng	打工	동	아르바이트하다	165
dǎsuan	打算	조동	~할 생각이다, 작정이다, ~하려고 하다	145
dà	大	형	크다	33
dàbǎo yǎnfú	大饱眼福		실컷 보고 즐기다, 실컷 눈요기를 하다	103
dàduōshù	大多数	형	대다수의, 대부분의	75
dài	带	동	지니다, 휴대하다	109
dàifu	大夫	명	의사	36
dàng	荡	동	흔들(리)다, 움직이다	75
dào	到	동	도착하다, 이르다	145
de	的	조	~의, 은/는	47
děng	等	동	기다리다	108
děngděng	等等	조	기타, 등등, 따위	89
dì	地	명	육지, 땅	47
dì-èr tāi	第二胎		두 번째 임신, 둘째	131
dìfang	地方	명	곳, 장소	92
diǎn	点	양	시	150
diàntī	电梯	명	엘리베이터	61
diànyǐng	电影	명	영화	92
Dōngdàmén	东大门	지명	동대문	145
dōngxi	东西	명	것, 물건	95
dǒng	懂	동	알다, 이해하다, 터득하다	47
dōu	都	부	모두, 다, 전부	75
dúshēngzǐ	独生子	명	독자, 외아들	131
dūshì	都市	명	도시, 대도시	117
dútè	独特	형	독특하다, 특이하다	103
Duānwǔjié	端午节	명	단오절	75
duànliàn	锻炼	동	(몸을) 단련하다	117
duō	多	형	(수량이) 많다	33
duōshao	多少	대	얼마, 몇	47

E

értóng	儿童	명	아동, 어린이	131

F

fācái	发财	동	돈을 벌다, 부자가 되다	61
fāyīn	发音	명	발음	61
Fǎguó	法国	명	프랑스	95
fāngbiàn	方便	형	편리하다	120
fāngyán	方言	명	방언	47
fú bīngyì	服兵役	동	군 복무를 하다	165
fúwuyuan	服务员	명	종업원	90
Fǔshān	釜山	지명	부산	165

G

gāng	刚	부	막, 방금	165
gēge	哥哥	명	형, 오빠	151
ge	个	양	개, 명(사람이나 물건을 세는 양사)	47
gēn	跟	개	~와/과	61
gēn … yìqi	跟…一起		~와 함께, ~와 같이	159

gōngyuán 公园	명 공원	117	
guàibude 怪不得	부 어쩐지, 과연	89	
guānmén 关门	동 문을 닫다, 영업을 마치다	164	
guānxi 关系	명 (사람과 사람 또는 사물 사이의) 관계, 연줄	159	
guǎngchǎng 广场	명 광장	33	
guǎngchǎngwǔ 广场舞	명 광장무	117	
guàngjiē 逛街	동 구경하다, 쇼핑하다	164	
guì 贵	형 (가격이나 가치가) 높다, 비싸다, 귀하다	134	
guójì diànyǐngjié 国际电影节	명 국제영화제	165	
guóqí 国旗	명 국기	33	
Guóqìngjié 国庆节	명 국경절	78	
guò 过	동 지내다, 보내다	75	
guo 过	조 ~한 적이 있다(과거의 경험을 나타냄)	89	

H

hái 还	부 또, 더, 아직	89	
hǎitái 海苔	명 김	148	
Hánguó 韩国	명 한국	33	
Hànyǔ 汉语	명 중국어	50	
Hànzú 汉族	명 한족	47	
hǎo 好	형 좋다	33	
	부 매우, 정말, 대단히	117	
hǎochī 好吃	형 맛있다	109	
hào 号	명 일, 날	75	
hē 喝	동 마시다	52	
hé 和	개 ~와/과	131	
hěn 很	부 매우, 대단히, 아주	33	
hóngsè 红色	명 붉은색, 빨강	64	
hóngshēn 红参	명 홍삼	148	
hòutiān 后天	명 모레	78	
huá 划	동 배를 젓다	75	
huà 话	명 말	47	
huàzhuāngpǐn 化妆品	명 화장품	137	
huí 回	동 되돌아가다, 되돌아오다	75	
huì 会	조동 ~할 가능성이 있다, ~할 것이다	117	
huò 货	명 물품, 상품	145	
huòbǐ-sānjiā 货比三家	물건을 살 때 바가지를 쓰지 않도록 여러 곳을 비교하다	145	
huòbì 货币	명 화폐	151	
huòzhēn-jiàshí 货真价实	성어 품질도 믿을 만하고 가격도 공정하다, 물건도 진짜이고 값도 싸다	145	

J

jǐ 几	대 몇	53	
jiā 家	양 (호텔, 상점, 병원, 유치원 등을 세는 양사)	131	
jiāxiāng 家乡	명 고향	75	

병음	한자	품사	뜻	페이지
jiàn	件	양	벌, 건(의류나 서류 등을 세는 양사)	137
jiànshēn	健身	동	신체를 건강하게 하다, 튼튼하게 하다	117
jiǎngjià	讲价	동	값을 흥정하다	145
jiào	叫	동	~라고 부르다, 이름이 ~이다	33
jiàoshì	教室	명	교실	39
jiérì	节日	명	기념일, 명절	75
jīnnián	今年	명	올해, 금년	159
jīntiān	今天	명	오늘	75
jìn	进	동	(밖에서 안으로) 들다	66
jīngjù	京剧	명	경극	64
jiǔ	酒	명	술	61
jiǔdiàn	酒店	명	호텔	137
jiù	就	부	곧, 즉시, 바로	75
jǔxíng	举行	동	거행하다, 열리다	165

K

kāfēitīng	咖啡厅	명	커피숍	165
kāfēiyīn	咖啡因	명	카페인	89
kǎpiàn	卡片	명	카드	162
kāi chē	开车	동	차를 운전하다	123
kāishǐ	开始	동	시작하다	131
kàn	看	동	보다	92
kàn qǐlai	看起来		보기에, 보자 하니	103
kè	课	명	수업	151
kōngqì	空气	명	공기	117
kuài … le	快…了		곧 ~일 것이다(임박태)	159
kuānchang	宽敞	형	넓다, 드넓다	117

L

Láodòngjié	劳动节	명	노동절	78
lǎoshī	老师	명	선생님	36
lèi	累	형	피곤하다	136
lěng	冷	형	춥다	81
lǐshàng-wǎnglái	礼尚往来	성어	예의상 오가는 것을 중시한다, 오는 정이 있으면 가는 정이 있다.	148
li	里	명	안, 속, 가운데	61
liáng	凉	형	시원하다, 서늘하다	89
liǎng	两	수	둘, 2	61
língchén	凌晨	명	새벽	150
liúxíng	流行	동	유행하다, 성행하다, 널리 퍼지다	145
liúxuéshēng	留学生	명	유학생	33
lóngchuán	龙船	명	용선(뱃머리를 용의 머리로 장식한 배)	75
lóngjǐngchá	龙井茶	명	용정차	89
lún	轮	동	(순서에 따라) 교체하다, 순번이 되다	159

M

māma	妈妈	명	엄마, 어머니	50
ma	吗	조	~입니까?(의문의 어기를 나타냄)	33
mǎi	买	동	사다, 구매하다	61
mǎidào	买到		사들이다, 사서 손에 넣다	145
mài	卖	동	팔다	80
mǎn	满	동	차다, 기한이 되다, 일정한 한도에 이르다	159
máng	忙	형	바쁘다	39
méicuò	没错	형	틀림없다, 분명하다, 옳다, 맞다(긍정을 나타냄)	117
méiyǒu	没有	동	없다	61
měi	每	대	~마다, 모두	159
měitiān	每天	부	매일	151
měi	美	형	아름답다, 예쁘다	134
Měiguó	美国	명	미국	36
mèimei	妹妹	명	여동생	52
méndāng-hùduì	门当户对	성어	(혼인 관계에 있어) 남녀 두 집안이 엇비슷하다	148
mínzú	民族	명	민족	47
míngbai	明白	동	알다, 이해하다	
		형	분명하다, 명확하다	117
míngchá	名茶	명	명차, 유명한 차	89
Míngdòng	明洞	지명	명동	145
míngtiān	明天	명	내일	78
mòlìhuāchá	茉莉花茶	명	자스민 차	89

N

nǎ	哪	대	무엇, 어떤, 어느	89
nà	那	대	그, 저	33
		접	그러면, 그렇다면	75
nàge	那个	대	저것, 그것	108
nǎifěn	奶粉	명	분유	131
nán	难	형	어렵다	109
ne	呢	조	(강조 표현 의문조사)	75
		조	(동작이나 상황의 지속을 나타내는 조사)	117
nǐ	你	대	너, 자네, 당신	33
nián	年	명	년	131
niánhuò	年货	명	설에 쓰이는 일체의 물건, 설맞이 용품	159
niánqīngrén	年轻人	명	젊은 사람, 젊은이	80
nónglì	农历	명	음력	75

P

pǎo	跑	동	달리다, 뛰다	109
péngyou	朋友	명	친구	136
piányi	便宜	형	(값이) 싸다	151
piàoliang	漂亮	형	예쁘다	137
píng	瓶	양	병(병을 셀 때 쓰는 양사)	61
píngguǒ	苹果	명	사과	80
pǔ'ěrchá	普洱茶	명	보이채(운남성에서 생산되는 대표적인 흑차)	89

pīnyīn	汉字	품사	뜻	쪽
pǔtōnghuà	普通话	명	(현대 중국) 표준어, 푸퉁화	47

Q

pīnyīn	汉字	품사	뜻	쪽
qíguài	奇怪	형	기이하다, 이상하다, 이해하기 어렵다	131
qián	前	명	(방위, 순서, 시간의) 앞	159
qiántú	前途	명	앞길, 전망	131
qīngcài	青菜	명	채소	103
qīngdàn	清淡	형	(음식이) 담백하다, (색깔이나 냄새가) 연하다	103
qīngshuǎng	清爽	형	상쾌하다	120
Qíngrénjié	情人节	명	발렌타인데이	80
qǐng	请	동	(경어) ~하세요 (영어의 'please'에 해당)	61
qǐngwèn	请问	동	말씀 좀 묻겠습니다	89
qiūqiān	秋千	명	그네	75
qūxié	驱邪	동	(주문 등으로) 악귀를 쫓다	159
qù	去	동	가다	66

R

pīnyīn	汉字	품사	뜻	쪽
rè	热	형	덥다, 뜨겁다	89
rèshuǐ	热水	명	따뜻한 물	89
rén	人	명	사람	33
rénkǒu	人口	명	인구	47
rènshi	认识	동	알다	136
Rìběn	日本	명	일본	36
rìzi	日子	명	날, 날짜	75
róngyì	容易	형	쉽다, 용이하다	109

S

pīnyīn	汉字	품사	뜻	쪽
sǎomù	扫墓	동	성묘하다	75
shàng	上	동	오르다, 타다	61
		동	(어떤 일을) 하다	131
Shànghǎi	上海	지명	상하이	95
shàngxué	上学	동	등교하다	131
shǎngyuè	赏月	동	달구경하다, 달맞이하다	75
shǎoshù mínzú	少数民族	명	소수 민족	151
shé	蛇	명	뱀	106
shēng	生	동	낳다, 태어나다	133
shēngrì	生日	명	생일	80
shēntǐ	身体	명	몸, 신체, 건강	67
shénme	什么	대	무엇, 무슨	75
shěngchī-jiǎnyòng	省吃俭用	성어	근검절약하다	148
Shèngdànjié	圣诞节	명	크리스마스	78
shíhou	时候	명	때, 시각, 무렵	131
shì	是	동	~이다, 예, 그렇습니다 (응답의 말)	33
shìde	是的		그렇다, 맞다, 옳다	33
shì	试	동	시험 삼아 해보다	106
shǒubiǎo	手表	명	시계	67

병음	한자	품사	뜻	페이지
shū	书	명	책	52
shūfu	舒服	형	(몸이나 마음이) 편안하다, 쾌적하다, 가뿐하다	117
shùzì	数字	명	수, 숫자	61
shuāngshù	双数	명	짝수	61
shuǐ	水	명	물	52
shuǐguǒ	水果	명	과일	72
shuō	说	동	말하다, 이야기하다	47
sǐ	死	동	죽다	61
sōngbǐng	松饼	명	송편	75
suì	岁	명	살, 세	151
suǒyǐ	所以	접	그래서, 때문에	67

T

tā	他	대	그, 그 사람	39
tāmen	他们	대	그들	47
tài … le	太…了		너무 ~하다, 매우 ~하다	131
tàijíquán	太极拳	명	태극권	117
tígòng	提供	동	제공하다	137
tǐyùkè	体育课	명	체육 수업	131
tiān	天	명	하루, 날, 일	75
Tiān'ānmén	天安门		천안문	33
tiānqì	天气		날씨	81
tiàowǔ	跳舞	동	춤을 추다	117
tīng	听	동	듣다	106
tīngshuō	听说	동	듣자 하니, 듣건대	61

W

wàibian	外边	명	밖, 바깥	117
wánjù	玩具	명	장난감	131
wèishénme	为什么	대	왜, 무엇 때문에	61
wǒ	我	대	나, 저	33
wǒmen	我们	대	우리(들)	52
wǔ	舞	명	춤	117
wǔshù	武术	명	무술	64
Wǔxīng-Hóngqí	五星红旗		오성홍기	33

X

xíguàn	习惯	명	습관 동 습관이 되다	103
xǐhuan	喜欢	동	좋아하다, 호감을 가지다, 흥미를 느끼다	61
xǐshǒujiān	洗手间	명	화장실	137
xiā	虾	명	새우	106
xià	吓	동	무서워하다, 놀라다	103
xià yǔ	下雨	동	비가 오다	81
xiànzài	现在	명	지금, 현재	131
xiāng	香	형	향기롭다, 맛있다	103
xiāngsì	相似	형	비슷하다	134
xiǎng	想	조동	~하고 싶다	89
xiàofú	校服	명	교복	131
xiē	些	양	조금, 몇 (일정하지 않은 적은 수량을 나타냄)	89
xiē	蝎	명	전갈	103
xièxie	谢谢	동	감사합니다, 고맙습니다	89

병음	한자	품사	뜻	쪽
Xīngqīwǔ	星期五	명	금요일	151
xué	学	동	배우다, 공부하다	81
xuésheng	学生	명	학생	36
xuéxí	学习	동	학습하다, 배우다	150
xuéxiào	学校	명	학교	52

Y

병음	한자	품사	뜻	쪽
ya	呀	조	(경탄, 감탄을 나타냄)	33
yào	要	조동	~할 것이다, ~하려고 하다	94
yě	也	부	~도	33
yìbān	一般	형	보통이다, 일반적이다	145
yídìng	一定	부	꼭, 반드시, 필히	131
yìqǐ	一起	부	같이, 함께	67
yíxià	一下	양	좀 ~하다	137
yíyàng	一样	형	같다, 동일하다	131
yìzhí	一直	부	계속, 줄곧	67
yīfu	衣服	명	옷, 의복	108
yìsi	意思	명	의미, 뜻	131
yīnwèi	因为	접	왜냐하면	61
yínháng	银行	명	은행	164
yǐnliào	饮料	명	음료	92
yǐnshí	饮食	명	음식	
		동	음식을 먹고 마시다	103
Yīngyǔ	英语	명	영어	50
yóunì	油腻	형	기름지다, 느끼하다	103
yǒu	有	동	있다	47
yǒu yìsi	有意思	형	재미있다, 흥미 있다, 의미 있다	117
yòu'éryuán	幼儿园	명	유치원	131
yú	鱼	명	생선, 물고기	106
yuánlái	原来	부	원래, 본래, 알고 보니	61
yuè	月	명	월, 달	75
yuèfèn	月份	명	월, 달	165
yuèbǐng	月饼	명	월병, 위에빙	75
yuèláiyuè	越来越	부	더욱더, 갈수록	123
yuèzi zhōngxīn	月子中心	명	산후 조리원	131
yùndòngfú	运动服	명	운동복	131
yùndònghuì	运动会	명	운동회	131

Z

병음	한자	품사	뜻	쪽
zài	在	개	~에서	117
zài	再	부	~하고 나서, ~한 후에	145
zǎocān	早餐	명	아침 식사	137
zěnme	怎么	대	어떻게, 어째서	75
zhè	这	대	이것, 이	52
zhège	这个	대	이것, 이	108
zhèli	这里	대	이곳, 여기	150
zhèyàng	这样	대	이렇다, 이와 같다	61
zhēn	真	부	확실히, 진실로	103
zhēnshi	真是	부	정말, 실로	103
(zhèng)zài	(正)在	부	지금 ~하고 있다, ~하고 있는 중이다	117
zhīdào	知道	동	알다, 이해하다	61

병음	한자	품사	뜻	쪽
Zhōngguó	中国	명	중국	32
Zhōngqiūjié	中秋节	명	중추절, 추석	75
zhǒng	种	양	종류	117
zhǒnglèi	种类	명	종류	89
zhòngyào	重要	형	중요하다	75
zhōuliù	周六	명	토요일	165
zhōumò	周末	명	주말	164
zhǔnbèi	准备	동	준비하다	159
zòngzi	粽子	명	쫑즈(단오절에 먹는 찹쌀밥)	75
zǒu	走	동	걷다	53
zuì	最	부	가장, 제일	47
zuìjìn	最近	명	최근, 요즘	136
zuótiān	昨天	명	어제	78
zuò	坐	동	앉다	66
zuò	做	동	만들다, ~을 하다	80

한어병음표

	a	o	e	-i	i	u	ü	ai	ei	ao	ou	an	en	ang	eng	ong	ia	ie	üe	iao
b	ba	bo			bi	bu		bai	bei	bao		ban	ben	bang	beng			bie		biao
p	pa	po			pi	pu		pai	pei	pao	pou	pan	pen	pang	peng			pie		piao
m	ma	mo	me		mi	mu		mai	mei	mao	mou	man	men	mang	meng			mie		miao
f	fa	fo				fu			fei		fou	fan	fen	fang	feng					
d	da		de		di	du		dai	dei	dao	dou	dan	den	dang	deng	dong		die		diao
t	ta		te		ti	tu		tai		tao	tou	tan		tang	teng	tong		tie		tiao
n	na		ne		ni	nu	nü	nai	nei	nao	nou	nan	nen	nang	neng	nong		nie	nüe	niao
l	la		le		li	lu	lü	lai	lei	lao	lou	lan		lang	leng	long	lia	lie	lüe	liao
g	ga		ge			gu		gai	gei	gao	gou	gan	gen	gang	geng	gong				
k	ka		ke			ku		kai	kei	kao	kou	kan	ken	kang	keng	kong				
h	ha		he			hu		hai	hei	hao	hou	han	hen	hang	heng	hong				
j					ji	ju											jia	jie	jue	jiao
q					qi	qu											qia	qie	que	qiao
x					xi	xu											xia	xie	xue	xiao
zh	zha		zhe	zhi		zhu		zhai	zhei	zhao	zhou	zhan	zhen	zhang	zheng	zhong				
ch	cha		che	chi		chu		chai		chao	chou	chan	chen	chang	cheng	chong				
sh	sha		she	shi		shu		shai	shei	shao	shou	shan	shen	shang	sheng					
r			re	ri		ru				rao	rou	ran	ren	rang	reng	rong				
z	za		ze	zi		zu		zai	zei	zao	zou	zan	zen	zang	zeng	zong				
c	ca		ce	ci		cu		cai		cao	cou	can	cen	cang	ceng	cong				
s	sa		se	si		su		sai		sao	sou	san	sen	sang	seng	song				
	a	o	e		yi	wu	yu	ai	ei	ao	ou	an	en	ang	eng		ya	ye	yue	yao

> - 맨 밑에 있는 음절들은 해당 음절이 단독으로 쓰일 때의 표기법입니다.
> - 감탄사에 나오는 음절들(ng, hng 등)은 생략하였습니다.

	iou (iu)	ian	in	iang	ing	iong	üan	ün	ua	uo	uai	uei (ui)	uan	uen (un)	uang	ueng	er
b		bian	bin		bing												
p		pian	pin		ping												
m	miu	mian	min		ming												
f																	
d	diu	dian			ding					duo		dui	duan	dun			
t		tian			ting					tuo		tui	tuan	tun			
n	niu	nian	nin	niang	ning					nuo			nuan				
l	liu	lian	lin	liang	ling					luo			luan	lun			
g									gua	guo	guai	gui	guan	gun	guang		
k									kua	kuo	kuai	kui	kuan	kun	kuang		
h									hua	huo	huai	hui	huan	hun	huang		
j	jiu	jian	jin	jiang	jing	jiong	juan	jun									
q	qiu	qian	qin	qiang	qing	qiong	quan	qun									
x	xiu	xian	xin	xiang	xing	xiong	xuan	xun									
zh									zhua	zhuo	zhuai	zhui	zhuan	zhun	zhuang		
ch									chua	chuo	chuai	chui	chuan	chun	chuang		
sh									shua	shuo	shuai	shui	shuan	shun	shuang		
r									rua	ruo		rui	ruan	run			
z										zuo		zui	zuan	zun			
c										cuo		cui	cuan	cun			
s										suo		sui	suan	sun			
	you	yan	yin	yang	ying	yong	yuan	yun	wa	wo	wai	wei	wan	wen	wang	weng	er

종이 오리기 공예

종이 오리기 공예(剪纸, jiǎnzhǐ)는 칼과 가위로 종이를 오려 여러 가지 형상이나 글자를 만들어 판화 같은 효과를 주는 예술을 말합니다. 유네스코 인류무형문화유산에 등재되어 있으며 중국의 다양한 민족이 즐기는 전통이자 일상생활과 밀접하게 관련된 대중 예술입니다. 작품은 주로 벽, 창문, 기둥에 붙이며 대개 붉은색 종이를 사용하는데, 이는 나쁜 기운을 물리치고 복을 기원하는 의미가 있답니다.

双喜 shuāngxǐ

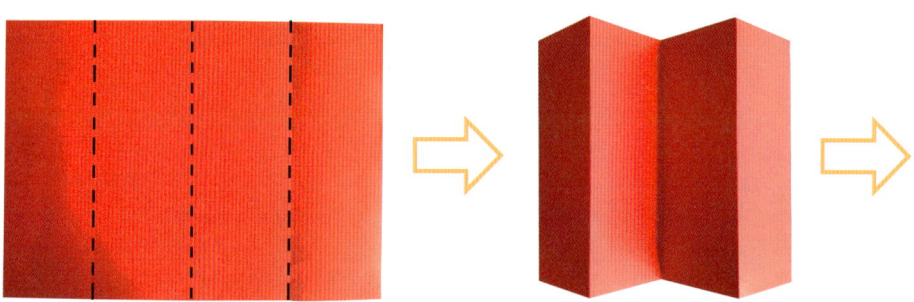

응용 작품

결혼을 축하하는 의미를 담고 있습니다.

외국어 출판 45년의 신뢰
외국어 전문 출판 그룹
동양북스가 만드는 책은 다릅니다.

45년의 쉼 없는 노력과 도전으로 책 만들기에 최선을 다해온
동양북스는 오늘도 미래의 가치에 투자하고 있습니다.
대한민국의 내일을 생각하는 도전 정신과 믿음으로 최선을 다하겠습니다.

동양북스